Samuel Cameroun

L'église : les chrétiens

Samuel Cameroun

L'église : les chrétiens

Éditions Croix du Salut

Imprint

Cover image: www.ingimage.com

Publisher:
Éditions Croix du Salut
is a trademark of
Dodo Books Indian Ocean Ltd., member of the OmniScriptum S.R.L Publishing group
str. A.Russo 15, of. 61, Chisinau-2068, Republic of Moldova Europe
Printed at: see last page
ISBN: 978-613-7-37191-6

Douzième Etude Biblique /27

L'EGLISE :

LES CHRETIENS.

PROLOGUE SUR LA

Collection de la série chrétienne :

" QUE CELUI QUI LIT FASSE ATTENTION ! "

(Mathieu 24 : 15)

Au cours de notre marche spirituelle, nous aborderons les fondamentaux de la saine doctrine chrétienne qui en est la colonne et l'appui de la vérité. D'après l'apôtre Paul encourageant son fidèle compagnon dans *1 Timothée 3 : 14 – 15* il lui écrit : « *Je t'écris ces choses, avec l'espérance d'aller bientôt vers toi, mais afin que tu saches, si je tarde, comment il faut se conduire dans la maison de Dieu, qui est l'Église du Dieu vivant, la colonne et l'appui de la vérité* ». A la suite de l'apôtre Paul, les études de cette série, coupleront tout au long, les thèmes de la doctrine biblique à ceux de la prophétie, car Jésus-Christ exhortant fraternellement l'Eglise qui en est " Membre de son Corps " est toujours présent aux côtés des siens. Pour cela, les enseignements de la présente collection s'appuieront essentiellement sur les livres conjoints de la *Révélation* (*Apocalypse*), juxtaposé à celui de *Daniel*, pour confirmer cette bonne nouvelle du message de l'évangile. Puisque, arrivés à la fin des siècles, la doctrine évangélique, les dix commandements de Moïse et la prophétie ont été recommandés précieusement aux chrétiens authentiques, pour leur servir de boussole dans l'obscurité des ténèbres du mal. Ceci en raison de l'esprit d'égarement qui a conduit à l'apostasie doctrinaire, désormais rendue très populaire, parmi toutes ces communautés de prétention chrétienne que la Bible nomme de « *Babylone La Grande La Mère des Impudiques* ! » *Apocalypse 17 : 5.*

Aussi, devons-nous chercher Dieu avec toutes nos forces, nous qui sommes la génération parvenue au terminal de l'histoire de ce monde destiné à sa ruine imminente et éternelle! C'est Jésus seul, qui en a déterminé les conditions de salut pour quiconque veut sincèrement échapper en sortant de ce monde d'impies. Car il le déclare solennellement : « *personne ne peut venir à lui si le Père ne l'attire...* » Cependant une fois venue au Seigneur, sachons également que Jésus ajoute : « *nul ne peut aller à Dieu sans passer par Lui (Jésus)* ». Finalement quel est le but de notre marche chrétienne ? Et qu'est-ce que l'Eglise du Christ ? Peut-elle être une organisation dénominationnelle ? – Les Assemblées chrétiennes doivent-elles dépendre d'une quelconque agence gouvernementale pour prouver qu'elles sont l'Eglise de Christ ?

Alors que les vrais chrétiens s'apprêtent à faire face à la pire persécution de l'histoire sainte, par le « *666* » qui conditionnera bientôt tout Homme, - Nos finances à l'exemple des dimes doivent-elles être engagées pour nous gagner le ciel ? - Le Christ est-il encore présent dans ces dénominations appelées Eglises ? - Qui devrait être à la tête de l'Eglise du Christ ? - Comment se construisent actuellement les communautés chrétiennes sous le seul Berger,

Jésus-Christ ? – L'Eglise de Christ en a-t-elle de responsables visibles ? – Cette Eglise de Christ peut-elle entretenir la corruption ? Peut-elle tant soi peu compromettre notre salut par quelques doctrines non scripturaires ? Quelle Eglise en effet aujourd'hui, est parfaitement en conformité avec la sainte volonté de Christ révélée dans la Bible ?

Pour toutes ces interrogations et tant d'autres qu'on en oublie certainement, la collection *"Que celui qui lit, fasse attention"*, propose exclusivement des réponses bibliques simples et assez complètes suivant chaque thématique abordée. Les réponses à ces questions ci-dessus en énoncé disons-le, ne seront données qu'aux cœurs humbles, voilà pourquoi la présente série chrétiennes *"Que celui qui lise fasse attention "*, est une suite de messages vivants. Ils ont été conçus en tenant compte des besoins spirituels de notre génération, surtout des prophéties dont la Bible, par la révélation et l'enseignement doctrinaire de Christ, des apôtres et des prophètes d'autrefois, nous invite à scruter jour et nuit sans relâche dans une vie de prière, leur accomplissement, afin de nous donner la force de paraitre debout devant le Fils de Dieu, au dernier jour. Voici la promesse de Christ à son Eglise « *A celui qui vaincra, et qui gardera jusqu'à la fin mes œuvres, je donnerai autorité sur les nations.* » *Apocalypse 2 : 26*

NB: Sauf indication contraire, les références bibliques citées en études, sont tirées de la version des saintes écritures (Louis Second). Et pour chaque thème, vous pouvez consulter le sommaire en page

43 et 46. Par l'indication ordinale (question-réponse), toute réaction particulière, pourrait susciter un accompagnement biblique personnalisé et/ou communautaire, tant soit peu, que vous vous manifestiez sur notre site internet, par appel téléphonique WhatsApp ou sur notre adresse électronique marquée au bas de chaque page.

L'Eglise vous présente ainsi une série de *« 27 études bibliques »*, complétant autant de messages vidéos, audio, en version électronique téléchargeable sur le site internet *wwwchrétiens-église.org*. Tout ceci pour un égal nombre de livrets, à offrir progressivement, selon que le Seigneur Yahwéh Dieu, y pourvoira avec miséricorde et grâce en Jésus-Christ !

L'ensemble de cette collection est gratuitement offert, afin de respecter l'esprit de Christ qui nous a recommandé d'en faire don, puisque nous l'avons reçu gratuitement :

ALORS IL N'APPARTIENT A PERSONNE DE VENDRE CETTE PAROLE DE DIEU !

Mais au préalable, nous vous invitons à recevoir la lettre de l'Auteur écrite pour vous les lecteurs. Cette lettre pourrait vous servir de feuille de route et de guide pédagogique. Cependant il n'est jamais chrétien de croire que notre Seigneur agira identiquement dans tous les cas, au cours de votre croissance spirituelle, ou du ministère pastoral d'évangélisation à travers vous. C'est pour cette raison qu'une fois de plus, nous vous invitons à demeurer attentif à sa voix spirituelle, au travers du canal infaillible que représente pour quiconque, la lecture assidue de sa parole, la Bible.

LETTRE D'ENCOURAGEMENT DE L'AUTEUR, POUR VOUS !

Frères et sœurs, que la paix de Dieu qui surpasse toute intelligence, garde vos pensées en Jésus-Christ ! ».

Soyez la bienvenue, en empruntant avec l'Eglise, la petite voie très resserrée qui mène dans l'éternité, et dont seul Le Fils de Dieu, en est Le Guide et Le Souverain Berger…

Avant toute chose, nous vous conseillerons durant votre étude biblique, d'être critiques du sens des doctrines que ces saintes lettres aborderont. En cela, vous serez entrain de suivre les recommandations des Apôtres selon Actes 17 : 11. « *Ces Juifs avaient des sentiments plus nobles que ceux de Thessalonique ; ils reçurent la parole avec beaucoup d'empressement, et ils examinaient chaque jour les Écritures, pour voir si ce qu'on leur disait était exact.* »

Durant votre croissance chrétienne, lisez régulièrement votre Bible. Ecoutez le Saint-Esprit. Partagez cette richesse avec d'autres. Soyez généreux, surtout envers votre entourage. Sachez encourager des initiatives d'étude communautaire. Eprouvez ceux qui par esprit de vaine critique, vous taxeront de sectaire. Luttez sans vous laissez distraire par les ennemis de vos âmes. Simplifiez-vous la vie chrétienne. Assistez les démunies de votre voisinage, à commencer par les membres de votre famille. Impliquez-vous dans des campagnes d'évangélisation publique. Exploitez tous les créneaux de communication, et rependez la bonne nouvelle comme des semeurs de Vie !

N'ignorez personne dans vos prières. Appelez la faveur de Yahwéh Dieu sur ceux qui vous écoutent, mais également sur ceux qui vous résisteront. « N'ayez aucun ennemi…, vivez en paix avec tous…, et soyez en parfait harmonie… », Avec l'ensemble de l'Eglise locale de Christ dans le pays, la ville ou le quartier de vote résidence.

Frères et sœurs, « fuyez le péché » et « soyez saint » car « notre Dieu est Saint. » Et par reconnaissance à Dieu de vous avoir sauvé et envoyé, « chantez-Lui sans cesse des cantiques spirituels sous l'inspiration de son Esprit. »

Comme vous avez « reçu gratuitement », veuillez à ne pas briser cette chaine de solidarité ! Avec de nouveaux disciples, commencez par présentez l'évangile, puis abordez des thèmes doctrinaux en fonction de votre auditoire et de leurs besoins spirituels. Vous pourrez choisir les thèmes qui vous conviennent à vous, en obéissant à la voix du Saint-Esprit. Et comme « l'eunuque Ethiopien » sachez que Christ les rejoindra sur la route quand vous vous mettrez en peine de le leur enseigner, surtout à la jeunesse. Donnez-vous à vos Frères chrétiens « comme une offrande à Dieu », car « la moisson est abondante mais les ouvriers sont peu nombreux. » Aussi, rappelez-vous de la promesse de Christ dans la parabole des « ouvriers de la dernière heure »

Ainsi « notre joie sera parfaite » de vous savoir en route pour la céleste patrie, étant enfants de Dieu et serviteurs du Christ, si vous avez appris qu'il n'y a « pas de plus grand amour, que de donner sa vie pour ceux qu'on aime ». De même « qu'il y a plus de joie à donner qu'à recevoir »

Enfin, soyez heureux, en attendant notre Sauveur Jésus, qui « n'oubliera pas votre participation à la propagation de l'évangile et du message de la vérité ». N'ayez de crainte, que de Dieu Lui Seul. Et puis, très vite faite nous part de votre témoignage : des dons que le Saint-Esprit vous aura gratifié, en vue de parfaire le corps du Christ. « Soyez bénie en tout point de vue ! »

Alors, « **BIEN AIMES** *», recevez ces études bibliques comme un présent du Seigneur Jésus, transmis par le ministère d'évangélisation depuis son Eglise du Cameroun, par votre dévoué serviteur et modeste frère d'Afrique, qui tient à vous rappeler que Yahwéh Dieu, par son Fils Jésus-Christ, vous aime d'un Amour Eternel. Croyez de même à notre dévouée affection fraternelle, par les arrhes du Saint Esprit. Amen !*

NB: *En fin d'étude biblique, à la (***Page 54***) de ce titre, vous trouverez les différents thèmes proposés dans la collection d'étude Biblique " Que celui qui lit fasse attention". Nous rappelons aux* *lecteurs que cette série d'étude biblique chrétienne est disponible gratuitement pour votre édification au site www.chrétiens-église.org*

SAMUEL CAMEROUN, *Apôtre du Seigneur Jésus-Christ.*

cameroun samuel@gmail.com Tel + 237 690600469 ou + 237 679647767

SEPT MESSAGES PARTICULIERS DE JESUS

Révélation ou Apocalypse 1 : 1 - 20

Révélation de Jésus Christ, que Dieu lui a donnée pour montrer à ses serviteurs les choses qui doivent arriver bientôt, et qu'il a fait connaître, par l'envoi de son ange, à son serviteur Jean, lequel a attesté la parole de Dieu et le témoignage de Jésus Christ, tout ce qu'il a vu. Heureux celui qui lit et ceux qui entendent les paroles de la prophétie, et qui gardent les choses qui y sont écrites ! Car le temps est proche. Jean aux sept Églises qui sont en Asie : que la grâce et la paix vous soient données de la part de celui qui est, qui était, et qui vient, et de la part des sept esprits qui sont devant son trône, et de la part de Jésus Christ, le témoin fidèle, le premier-né des morts, et le prince des rois de la terre ! A celui qui nous aime, qui nous a délivrés de nos péchés par son sang, et qui a fait de nous un royaume, des sacrificateurs pour Dieu son Père, à lui soient la gloire et la puissance, aux siècles des siècles ! Amen ! Voici, il vient avec les nuées. Et tout œil le verra, même ceux qui l'ont percé ; et toutes les tribus de la terre se lamenteront à cause de lui. Oui. Amen ! Je suis l'alpha et l'oméga, dit le Seigneur Dieu, celui qui est, qui était, et qui vient, le Tout Puissant. Moi Jean, votre frère, et qui ai part avec vous à la tribulation et au royaume et à la persévérance en Jésus, j'étais dans l'île appelée Patmos, à cause de la parole de Dieu et du témoignage de Jésus. Je fus ravi en esprit au jour du Seigneur, et j'entendis derrière moi une voix forte, comme le son d'une trompette, qui disait : Ce que tu vois, écris-le dans un livre, et envoie-le aux sept Églises, à Éphèse, à Smyrne, à Pergame, à Thyatire, à Sardes, à Philadelphie, et à Laodicée. Je me retournai pour connaître quelle était la voix qui me parlait. Et, après m'être retourné, je vis sept chandeliers d'or, et, au milieu des sept chandeliers, quelqu'un qui ressemblait à un fils d'homme, vêtu d'une longue robe, et ayant une ceinture d'or sur la poitrine. Sa tête et ses cheveux étaient blancs comme de la laine blanche, comme de la neige ; ses yeux étaient comme une flamme de feu ; ses pieds étaient semblables à de l'airain ardent, comme s'il eût été embrasé dans une fournaise ; et sa voix était comme le bruit de grandes eaux. Il avait dans sa main droite sept étoiles. De sa bouche sortait une épée aiguë, à deux tranchants ; et son visage était comme le soleil lorsqu'il brille dans sa force. Quand je le vis, je tombai à ses pieds comme mort. Il posa sur moi sa main droite en disant : Ne crains point ! Je suis le premier et le dernier, et le vivant. J'étais mort ; et voici, je suis vivant aux siècles des siècles. Je tiens les clefs de la mort et du séjour des morts. Écris donc les choses que tu as vues, et celles qui sont, et celles qui doivent arriver après elles, le mystère des sept étoiles que tu as vues dans ma main droite, et des sept chandeliers d'or. Les sept étoiles sont les anges des sept Églises, et les sept chandeliers sont les sept Églises »

INTRODUCTION

Les livres du nouveau testament sont, avant tout, des lettres écrites par les Apôtres à des Eglises ou à des individus. Les vrais chrétiens, de l'origine à notre époque, acceptent toutes ces lettres comme étant la parole de Dieu et leur autorité comme telle.

L'*Apocalypse*, un des livres du Nouveau Testament, porte le nom de Jésus Lui-même. En fait, le livre porte le titre de « *La Révélation de Jésus Christ* ». L'*Apocalypse* commence avec sept lettres particulières de Jésus aux Eglises. Ces lettres, chargées de conseils spéciaux et d'amour, venant directement de Jésus, devraient certainement être l'objet de notre attention la plus soutenue et de notre réponse la plus positive.

Malheureusement, ces sept lettres ont été presque totalement ignorées. Satan, l'ennemi du peuple de Dieu, doit se réjouir de voir que la majorité des chrétiens ne suivent pas les conseils contenus dans ces lettres. Merci à Dieu, il n'est pas trop tard. Ces études bibliques vont maintenant se pencher sur ces sept importants messages. Puisse le Saint-Esprit nous guider alors que nous allons étudier les chapitres « *2* » et « *3* » de l'*Apocalypse* et entendre les conseils primordiaux que Christ donne aux chrétiens, très occupés, de cette fin du 20 ème siècle.

Dans l'Apocalypse, Jésus nous donne une vision extraordinaire de l'histoire, depuis les jours apostoliques jusqu'à la fin des temps. Il le fait en trois tableaux impressionnants : *SEPT EGLISES, SEPT SCEAUX, SEPT TROMPETTES.*

Les **SEPT EGLISES** décrivent l'histoire religieuse de l'ère chrétienne. Jésus y révèle son amour pour son peuple à toutes les étapes de l'histoire, pointant du doigt ses fautes et promettant la victoire à ceux qui la désirent vraiment. Jésus démontre combien précieuse lui est son Eglise et confirme qu'elle remportera la victoire.

1. POURQUOI JESUS MIT-IL EN GARDE CONTRE LE FAIT DE CHANGER SA PAROLE ?

Apocalypse 22 : 18 – 19 « *Si j'ajoute quoi que ce soit à l'Apocalypse, Dieu me frappera des ...Si j'enlève quoi que ce soit à ce livre, Dieu enlèvera mon nom du ...* »

Note: Tout dans l'Apocalypse est important. Absolument rien ne doit être mis de côté. On ne peut rien y ajouter pour l'améliorer.

2. Ou étaient situées ces sept Eglises ?

Apocalypse 1 : 4

En .... mineure.

Note : Bien que ces lettres aient été originellement adressées à sept Eglises en Asie mineure, leurs messages s'appliquent à tous les chrétiens d'aujourd'hui, tout comme les autres lettres et livres de la Bible. *2 Timothée 3 : 16-17.*

3. Quels sont les messages fondamentaux de ces lettres ?

Dieu connait tout ce qui me concerne. « *Je connais tes* .... » Dit-il.

Note : Dieu est préoccupé par ma conduite. Ceci est répété à toutes les Eglises.

Apocalypse 2 : 2, 9, 13, 19 et 3 : 1, 8, 15.

Vaincre est impératif. « *A celui qui ....* » ...

Note : Ceci est obtenu par Jésus seulement et l'importance en est mise en relief dans chaque lettre. *Apocalypse 2 : 7, 11, 17, 26 et 3 : 5, 12, 21.*

Ecoutez le Saint-Esprit. Jésus conseille : « *entendez ce que l'...................... dit...* »

Note: L'Esprit de Dieu convainc les personnes de péché et les conduits à la repentance. *Jean 16 : 8, 13.* Sans le Saint-Esprit personne ne peut ressentir de remords pour son péché ni connaitre l'expérience de la nouvelle naissance. Il n'est donc pas surprenant que Jésus ai relevé si fortement l'importance d'écouter son Esprit. *Apocalypse 2 : 7, 11, 17, 26 et 3 : 6, 13, 22.*

4. Que représentent les sept Eglises ?

Note: En progressant dans notre étude, vous constaterez qu'elle représente sept périodes de l'histoire chrétienne, du temps de Jean au retour de Jésus. Par manque de place, nous insisterons seulement sur certains éléments-clés de chaque période.

1ère Eglise - EPHESE – PENDANT LA DUREE APOSTOLIQUE

Apocalypse 2 : 1- 7

Écris à l'ange de l'Église d'Éphèse : Voici ce que dit celui qui tient les sept étoiles dans sa main droite, celui qui marche au milieu des sept chandeliers d'or : Je connais tes œuvres, ton travail, et ta persévérance. Je sais que tu ne peux supporter les méchants ; que tu as éprouvé ceux qui se disent apôtres et qui ne le sont pas, et que tu les as trouvés menteurs ; que tu as de la persévérance, que tu as souffert à cause de mon nom, et que tu ne t'es point lassé. Mais ce que j'ai contre toi, c'est que tu as abandonné ton premier amour. Souviens-toi donc d'où tu es tombé, repens-toi, et pratique tes premières œuvres ; sinon, je viendrai à toi, et j'ôterai ton chandelier de sa place, à moins que tu ne te repentes. Tu as pourtant ceci, c'est que tu hais les œuvres des Nicolaïtes, œuvres que je hais aussi. Que celui qui a des oreilles entende ce que l'Esprit dit aux Églises : A celui qui vaincra je donnerai à manger de l'arbre de vie, qui est dans le paradis de Dieu. »

5. Qu'est-il reproché à l'Eglise d'Ephèse ? *Apocalypse 2 : 4*

« Mais ce que j'ai contre toi, c'est que tu as abandonné ton premier amour.»

Note: Ephèse, l'Eglise des apôtres, représente l'Eglise de Dieu du premier siècle après J.C. Elle grandi avec une rapidité saisissante. A la fin du siècle il y avait six millions de chrétiens éparpillés dans le monde ; Ils perdirent cependant leur premier amour pour Jésus et son merveilleux message de salut. Nous devons aussi être très attentifs dans ce domaine.

6. De quoi Ephèse est-elle félicitée ? *Apocalypse 2 : 2*

« Je connais tes œuvres, ton travail, et ta persévérance. Je sais que tu ne peux supporter les méchants ; que tu as éprouvé ceux qui se disent apôtres et qui ne le sont pas, et que tu les as trouvés menteurs »

Note: Ils résistent ouvertement aux faux apôtres, et Jésus les félicitent pour cela. Les Nicolaïtes étaient favorables à des compromis spirituels avec les pratiques du monde. Ils pensaient que leur liberté les autorisait à pratiquer l'idolâtrie et l'immoralité. (Ceci ressemble beaucoup à la nouvelle moralité qui pénètre dans certaines Eglises aujourd'hui.)

2ème Eglise - SMYRNE - LES PERSECUTIONS

Apocalypse 2 : 8 – 11

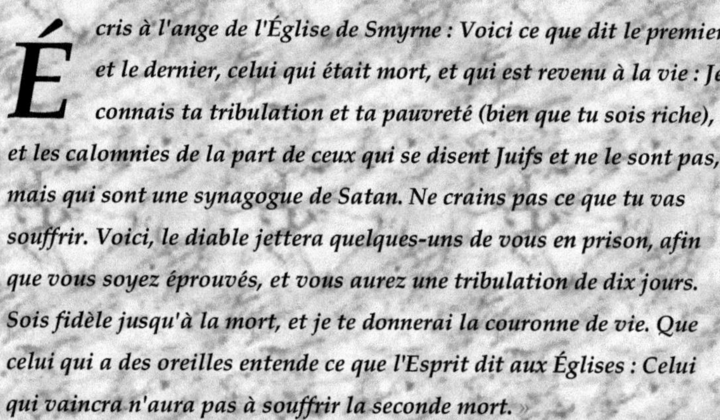

Écris à l'ange de l'Église de Smyrne : Voici ce que dit le premier et le dernier, celui qui était mort, et qui est revenu à la vie : Je connais ta tribulation et ta pauvreté (bien que tu sois riche), et les calomnies de la part de ceux qui se disent Juifs et ne le sont pas, mais qui sont une synagogue de Satan. Ne crains pas ce que tu vas souffrir. Voici, le diable jettera quelques-uns de vous en prison, afin que vous soyez éprouvés, et vous aurez une tribulation de dix jours. Sois fidèle jusqu'à la mort, et je te donnerai la couronne de vie. Que celui qui a des oreilles entende ce que l'Esprit dit aux Églises : Celui qui vaincra n'aura pas à souffrir la seconde mort. »

7. Quels encouragements Jésus donne-t-il à Smyrne ?

Apocalypse 2 : 10 « *Ne crains pas ce que tu vas souffrir. Voici, le diable jettera quelques-uns de vous en prison, afin que vous soyez éprouvés, et vous aurez une tribulation de dix jours. Sois fidèle jusqu'à la mort, et je te donnerai la couronne de vie.* »

Note: Smyrne représente l'Eglise pendant la période allant approximativement de 100 à 313 ans AP J.C. Ce fut une époque de persécutions effrayantes et de martyres. L'Empire Romain essaya d'effacer le christianisme. Dieu seul sait combien de ces enfants furent décapités, brûlés vifs, jetés en pâture aux lions ou tués par l'épée. En ces temps difficiles, l'Eglise vivait si près de Jésus qu'il ne lui fait aucun reproche. Il n'a pour elle que des paroles d'encouragement.

8. Quelle promesse fut faite à Smyrne ? Apocalypse 2 : 11

« *Que celui qui a des oreilles entende ce que l'Esprit dit aux Églises : Celui qui vaincra n'aura pas à souffrir la seconde mort.* »

Note: Tous doivent passer par la première mort *(Hébreux 9 : 27)* mais il y a une résurrection *(I Corinthiens 15 : 51-54).* La seconde mort est celle que connaitront les perdus périssant dans le feu *(Apocalypse 21 : 8).* De cette seconde mort, il n'y a pas de résurrection.

3ème Eglise - PERGAME – LA COMPROMISSION

Apocalypse 2 : 12 – 17

Écris à l'ange de l'Église de Pergame : Voici ce que dit celui qui a l'épée aiguë, à deux tranchants : Je sais où tu demeures, je sais que là est le trône de Satan. Tu retiens mon nom, et tu n'as pas renié ma foi, même aux jours d'Antipas, mon témoin fidèle, qui a été mis à mort chez vous, là où Satan a sa demeure. Mais j'ai quelque chose contre toi, c'est que tu as là des gens attachés à la doctrine de Balaam, qui enseignait à Balak à mettre une pierre d'achoppement devant les fils d'Israël, pour qu'ils mangeassent des viandes sacrifiées aux idoles et qu'ils se livrassent à l'impudicité. De même, toi aussi, tu as des gens attachés pareillement à la doctrine des Nicolaïtes. Repens-toi donc ; sinon, je viendrai à toi bientôt, et je les combattrai avec l'épée de ma bouche. Que celui qui a des oreilles entende ce que l'Esprit dit aux Églises : A celui qui vaincra je donnerai de la manne cachée, et je lui donnerai un caillou blanc ; et sur ce caillou est écrit un nom nouveau, que personne ne connaît, si ce n'est celui qui le reçoit. »

9. Satan attaque Pergame par deux faux enseignements. Lesquels ? *Apocalypse 2 : 14 - 15 « Mais j'ai quelque chose contre toi, c'est que tu as là des gens attachés à la doctrine de Balaam, qui enseignait à Balak à mettre une pierre d'achoppement devant les fils d'Israël, pour qu'ils mangeassent des viandes sacrifiées aux idoles et qu'ils se livrassent à l'impudicité. De même, toi aussi, tu as des gens attachés pareillement à la doctrine des Nicolaïtes.»*

a. Un homme ……………………………………………………..

b. Un groupe ……………………………………………………..

Note: Pergame couvre la période des 4èmes, 5èmes et la première moitié du 6ème siècle ap J.C. C'est l'époque des compromis et d'une Eglise soutenue par l'Etat. L'Empereur Constantin et toute son armée furent baptisés et se joignirent à l'Eglise. Satan n'avait pu détruire l'Eglise par la persécution, aussi voulut-il la corrompre par la popularité et les pratiques mondaines. Les croyances et les pratiques païennes pénétrèrent dans l'Eglise.

4ème Eglise - THYATIRE - L'APOSTASIE BABYLONIENNE

Apocalypse 2 : 18 – 29

Écris à l'ange de l'Église de Thyatire : Voici ce que dit le Fils de Dieu, celui qui a les yeux comme une flamme de feu, et dont les pieds sont semblables à de l'airain ardent : Je connais tes œuvres, ton amour, ta foi, ton fidèle service, ta constance, et tes dernières œuvres plus nombreuses que les premières. Mais ce que j'ai contre toi, c'est que tu laisses la femme Jézabel, qui se dit prophétesse, enseigner et séduire mes serviteurs, pour qu'ils se livrent à l'impudicité et qu'ils mangent des viandes sacrifiées aux idoles. Je lui ai donné du temps, afin qu'elle se repentît, et elle ne veut pas se repentir de son impudicité. Voici, je vais la jeter sur un lit, et envoyer une grande tribulation à ceux qui commettent adultère avec elle, à moins qu'ils ne se repentent de leurs œuvres. Je ferai mourir de mort ses enfants ; et toutes les Églises connaîtront que je suis celui qui sonde les reins et les cœurs, et je vous rendrai à chacun selon vos œuvres. A vous, à tous les autres de Thyatire, qui ne reçoivent pas cette doctrine, et qui n'ont pas connu les profondeurs de Satan, comme ils les appellent, je vous dis : Je ne mets pas sur vous d'autre fardeau ; seulement, ce que vous avez, retenez-le jusqu'à ce que je vienne. A celui qui vaincra, et qui gardera jusqu'à la fin mes œuvres, je donnerai autorité sur les nations. Il les paîtra avec une verge de fer, comme on brise les vases d'argile, ainsi que moi-même j'en ai reçu le pouvoir de mon Père. Et je lui donnerai l'étoile du matin. Que celui qui a des oreilles entende ce que l'Esprit dit aux Églises ! »

10. Quelle femme put corrompre Thyatire ? *Apocalypse 2 : 20*

Une femme méchante nommée ....

Note: Thyatire couvre presque mille ans de l'histoire de l'Eglise. Du milieu du 6ème siècle au début du 16ème siècle. Dans l'histoire séculière cette époque est connue sous le nom de « Moyen-Age ». La Bible fut mise de côté. Ce fut un temps d'effroyable apostasie, représenté par l'influence d'une mauvaise femme, Jézabel, sur l'ancien Israël. Jézabel symbolise donc l'apostasie de cette époque. Elle prit des proportions immenses et plongea le monde chrétien dans le Moyen-Age, alors la superstition et les traditions supplantèrent les enseignements de la Bible. Le « *Moyen-Age* » encore appelé en anglais « *DARK-AGE* » signifie « *l'âge-noir* ». Arrêtons-nous un instant sur cette étrange appellation « DARK AGE ». En effet, la Bible déclare : « *...Ta parole est une lampe à mes pieds.* » *Psaume 119 : 105*. Alors quand les forces séculières du mal entreprirent de mettre cette parole à mal, le sens de la lumière de l'évangile fut rendu obscurité pour les croyants d'où l'appellation « *DARK-AGE* » qu'a revêtue cette période de l'histoire des peuples, influencée tout cours par l'histoire chrétienne.

11. Quels avertissements Dieu donne-t-il à ceux qui suivent Jézabel ?

Apocalypse 2 : 20 – 23 « *Mais ce que j'ai contre toi, c'est que tu laisses la femme Jézabel, qui se dit prophétesse, enseigner et séduire mes serviteurs, pour qu'ils se livrent à l'impudicité et qu'ils mangent des viandes sacrifiées aux idoles. Je lui ai donné du temps, afin qu'elle se repentît, et elle ne veut pas se repentir de son impudicité. Voici, je vais la jeter sur un lit, et envoyer une grande tribulation à ceux qui commettent adultère avec elle, à moins qu'ils ne se repentent de leurs œuvres. Je ferai mourir de mort ses enfants ; et toutes les Églises connaîtront que je suis celui qui sonde les reins et les cœurs, et je vous rendrai à chacun selon vos œuvres.* »

Note: Toute infidélité envers Jésus et ses enseignements est appelée « *adultère* » ou « *fornication* ». Les châtiments (maladies, tribulations, morts) sont bien réels. Ni l'Eglise, ni l'Etat ni les faux apôtres n'échapperont au châtiment que Dieu réserve à l'adultère spirituel.

12. Qui est le reste qui s'opposera à cette corruption ?

Apocalypse 2 : 24 « *A vous, à tous les autres de Thyatire, qui ne reçoivent pas cette doctrine, et qui n'ont pas connu les profondeurs de Satan, comme ils les appellent, je vous dis : Je ne mets pas sur vous d'autre fardeau.* »

Note: Ceci fait référence au ministère puissant de nombreux grands ministres spirituels que Dieu suscita pour dévoiler l'erreur et l'apostasie, et ramener l'Eglise à Jésus et à la Bible. On connait bien le nom de quelques-uns d'entre eux : **Wycliffe, Huss, Jérôme, Luther, Zwingli, Calvin, Knox,** etc… Bien que certains de ces hommes vécurent du temps de Sardes, ils avaient commencé à reformer l'Eglise vers la fin de la période de Thyatire.

5ème Eglise - SARDES - LE TEMPS DE LA REFORME

Apocalypse 3 : 1 - 6

Écris à l'ange de l'Église de Sardes : Voici ce que dit celui qui a les sept esprits de Dieu et les sept étoiles : Je connais tes œuvres. Je sais que tu passes pour être vivant, et tu es mort. Sois vigilant, et affermis le reste qui est près de mourir ; car je n'ai pas trouvé tes œuvres parfaites devant mon Dieu. Rappelle-toi donc comment tu as reçu et entendu, et garde et repens-toi. Si tu ne veilles pas, je viendrai comme un voleur, et tu ne sauras pas à quelle heure je viendrai sur toi. Cependant tu as à Sardes quelques hommes qui n'ont pas souillé leurs vêtements ; ils marcheront avec moi en vêtements blancs, parce qu'ils en sont dignes. Celui qui vaincra sera revêtu ainsi de vêtements blancs ; je n'effacerai point son nom du livre de vie, et je confesserai son nom devant mon Père et devant ses anges. Que celui qui a des oreilles entende ce que l'Esprit dit aux Églises ! »

13. Par quels mots saisissants Sardes est-elle décrite ?

Apocalypse 3 : 1

Jésus dit : « Tu passes pour être ...., mais tu es............. »

Note: Jésus montre du doigt la religion formaliste : elle est sans valeur. Paul la décrit comme « *ayant l'apparence de la piété, mais reniant ce qui en fait la force.* » *II Timothée 3 : 5*

14. Quelle tragédie était sur le point de frapper Sardes ?

Apocalypse 2 : 3 Sardes était proche de la ....

Note: Sardes s'étend sur la période chrétienne allant de 1517 à 1790 AP J.C. C'est le moment crucial de la reformation, alors que des hommes de Dieu rempli du Saint-Esprit secouent le monde par leurs messages. Malheureusement quand ces hommes moururent, leurs successeurs, au lieu de continuer à chercher la vérité avec prière, régressèrent rapidement. Cette leçon solennelle nous concerne aussi aujourd'hui. Continuer de chercher la vérité et obéissez-lui dès que vous la découvrez. Alors les bénédictions de Dieu rempliront vos vies.

LA REFORME- LE DEBUT DU PROTESTANTISME

Martin Luther : CE QU'ON IGNORE DE L'HOMME !

1. En l'an 1517, à la veille de la fête de ''LA TOUT SAINT'', un moine du nom de Martin Luther, placarde un texte sur les portes de l'église du Château de VITENBERG dans le Nord de l'Allemagne. Ce sont les fameuses **"95 Thèses"**. ''95 critiques'' virulentes à l'égard de la toute puissante hiérarchie Catholique. Et notamment de son Chef, l'évêque de Rome dont nous devons nommer du terme Biblique qui lui soit attribué ''L'homme Impie'', ''L'adversaire De Dieu'', ''Le Fils De La Perdition'' selon *2 Théssaloniciens 2 : 3 – 4*, et le ''666'' selon *Apocalypse 13 : 18*. (Voir leçon Biblique N° 5 de cette série d'étude Biblique : Le Grand Signe de la Bête, le (666) révélé).

Luther ne sait pas encore que ce geste de défis va déclencher un véritable ouragan. Une tempête d'une rare violence va bientôt s'abattre sur toute l'Europe. Et changer à jamais la face du monde occidental. Entrainant ce moine dans un combat épique entre la plus grande puissance de son époque ; Rome. Non seulement parce que ces thèses critiquaient le 666, mais aussi parce qu'elles rencontraient un écho très favorable auprès des fidèles. Les thèses touchaient les gens pour plusieurs raisons, elles abordaient les questions que beaucoup de gens se posaient à cette époque ; sur l'Eglise, son rôle économique, la définition du salut, ce qu'il fallait faire pour y parvenir, etc… Tout un ensemble de questions qui créaient un malaise au sein d'une population de plus en plus méfiante à l'égard d'une église toujours prête à profiter du désir des gens de sauver leur âme. Les thèses ont été formulées dans cette conjoncture très favorable, d'où leur retentissement. Mais l'église catholique avait un nom pour ce genre de défis : l'hérésie ! La peine pour tout hérétique était la mort, il devait mourir selon l'expression catholique **"sans effusion de sang".** C'est-à-dire par **"noyade"** ou **"sur un brasier de feu"**.

2. Cent ans plutôt un autre contestataire **YANN HUSS**, avait formulé à peu près les mêmes critiques à l'encontre de l'église catholique. Convoqué à son procès il s'y était rendu avec un **Sauf-conduit.** Mais il avait néanmoins brûlé vif. D'après les déclara**tions de l'**Universitaire britannique **Michael A. Mullet** dans une interview *''La papauté écrase ses adversaires, elle n'y va pas par quatre chemins''*.

Note: Mais Luther tout comme Yann Huss, avait semé dans les cœurs des croyants plus qu'un évangile de paix ! Ils avaient aussi jeté les bases d'une révolution sociale et économique. Or nous savons bien que Christ n'a jamais fait de son Eglise une Assemblée de justiciers sociaux au sens révolutionnaire du terme. Luther ne pouvant plus se défaire de cette rébellion préparée dès la base, un gigantesque mouvement se mit en marche, qui déboucha sur la réforme. Dans toute l'Allemagne, mais aussi dans toute l'Europe, ses fidèles commencèrent à organiser l'aide aux pauvres, la justice sociale, le travail, etc… Toute chose qui mit à mal l'évangile du Christ qui était en marge de toute contestation sociale et économique. A Gutenberg les partisans de Luther ont totalement changé la donne. Ils contrôlent la totalité des services de la ville ! Ils font confisquer les biens de l'église catholique, mettant en place un système ecclésial différent. Et ils ont mis fin au monopole qu'exerçait le clergé sur l'enseignement. Les contemporains de Luther ayant compris qu'ils pouvaient s'affranchir de la liberté de croire, ont tôt fait d'appliquer les mêmes principes de liberté religieuse dans d'autres domaines de leur vie. S'affranchissant des leurs seigneurs, ils vont provoquer un mouvement social vaste qui va embraser toute l'Europe.

15. Contre la classe ouvrière et paysanne

Note: Luther peut notoirement dire qu'il ne s'était jamais positionner pour un affranchissement social, et dénier toute propagation de la liberté outre celle spirituelle, de s'y être exercée par les armes et les forces séculières. Mais ses écrits en disent bien autrement que ses paroles. Lisons ces citations qui en disent long sur sa conception de la paix au sens chrétien du terme. Luther s'en prenant alors aux rebelles en des termes particulièrement durs.

Note: Il écrivit " **Qu'en aux gens du commun, il faut être ferme avec eux. Ils doivent sous la menace de l'épée être contrains de respecter la loi, comme des bêtes fauves qu'on enchaîne."**

Note: Les princes allemands se pressent d'appliquer ces conseils. Ils matent la rébellion, massacrant plus de cent milles paysans. Luther emploi des termes terribles **"Hacher, poignarder, frapper, (...) tuer un paysan révolté c'est accomplir une bonne action."**

Note: Il est tellement extrême dans ses propos qu'il choque même les nobles ! Ceux là-même qui frappent, poignardent et hachent. Luther considère les paysans comme étant des suppôts du Diable qui font une œuvre démoniaque, exactement comme le pense le Chef de l'église catholique. Il s'attaquera violemment à toute personne ne partageant pas la voix du salut qu'il entend suivre.

16. N'est-il pas permis d'examiner les origines du combat d'Hitler à partir des écrits de Luther ?

Note: Considérons le sentiment de Luther sur les Juifs et le Judaïsme. A travers ses publications et ouvrages de presse, il incite ses lecteurs à une haine dévote contre ceux-ci : bien curieuse propagande pour un homme d'Eglise ! S'il prétend perpétuer le saint message ; évangile de paix du Christ, comment expliquer sa position antisémite en tant que leader communautaire et promoteur du salut par l'amour de Dieu et celui des Hommes ? Le mérite est d'admettre au regard des écrits précédemment cités, qu'une probabilité, existe sur l'inspiration bibliographique concernant l'antisémitisme d'Hitler à partir des écrits de Luther, quand on est appelé à analyser leurs conceptions communes d'une Allemagne conquérante et dominatrice du monde. Cette nouvelle donne, interpellerait quiconque aujourd'hui voudrait se démarquer du formalisme religieux sans fioriture sectaire, que ces hommes-là ont répandu contre le peuple de Dieu, les hébreux. Jésus-Christ avait prophétisé cet état de chose, Luther l'a conçu, pour finalement, être exécuté et donner accomplissement des saintes écritures par l'hyper macabre Hitler : « *Car ce seront des jours de vengeance, pour l'accomplissement de tout ce qui est écrit. Malheur aux femmes qui seront enceintes et à celles qui allaiteront en ces jours-là ! Car il y aura une grande détresse dans le pays, et de la colère contre ce peuple. Ils* *tomberont sous le tranchant de l'épée, ils seront emmenés captifs parmi toutes les nations, et Jérusalem sera foulée aux pieds par les nations, jusqu'à ce que les temps des nations soient accomplies.* » Luc : 21 : 22 – 24

17. Contre les juifs et le culte hébraïque

Après les paysans il s'en prendra notamment aux juifs. **"Soyez sur vos gardes à l'encontre des Juifs. Sachant que partout ou se dressent leurs synagogues, ce ne sont qu'antre de démons, Où l'on célèbre l'amour propre démesuré, la fourberie, le blasphème et la diffamation de Dieu"**

Note: Il n'ya jamais de demi mesure chez Luther, quand il est chaleureux, il est merveilleusement chaleureux. Mais quand il est haineux, il est effroyablement haineux.

Note: Le nouveau mouvement déclenché par Luther, baptisé Protestantisme commença en Allemagne, déferla sur la France, puis la Belgique et Les Pays-Bas. Prenant dans chaque pays une forme différente. A Genève Jean Calvin fonda une communauté qui vivait sur des règles sévères. Inspiré d'un strict idéal religieux. Toute absence d'un sermon par exemple était passible d'une amende. En Angleterre il fallut d'une sanglante guerre civile pour que Cromwell parvienne à imposer ce que sa propre conception devait être d'un état protestant. Dans les territoires d'Amérique récemment ouvert à la colonisation européenne, les premiers pionniers s'attachèrent à fonder une nation attachée aux principes luthériens de la liberté religieuse. Le mouvement devint rapidement mondial. Il touche rapidement l'Asie, et l'Afrique.

DERNIERES PAROLES DE LUTHER AVANT SA MORT

Note: Il épousa une ancienne religieuse Catarina Volvogra avec qui, ils eurent de nombreux enfants. Les dernières paroles de celui dont des milliers de croyants protestants ont suivi la foi et s'en défendent comme héritage du Christ, écoutons et analysons-les, dans ses dernières Confession quelques temps avant sa mort : **"Après ma mort je voudrai être un fantôme, pour revenir harceler les évêques, les prêtres et tous ces moines impies, pour qu'ils aient plus de soucis avec un Luther mort qu'ils n'en auraient jamais eu avec mille Luther vivants"**

6ème Eglise - PHILADELPHIE - LE TEMPS DU REVEIL

Apocalypse 3 : 7 - 13

Écris à l'ange de l'Église de Philadelphie : Voici ce que dit le Saint, le Véritable, celui qui a la clef de David, celui qui ouvre, et personne ne fermera, celui qui ferme, et personne n'ouvrira : Je connais tes œuvres. Voici, parce que tu as peu de puissance, et que tu as gardé ma parole, et que tu n'as pas renié mon nom, j'ai mis devant toi une porte ouverte, que personne ne peut fermer. Voici, je te donne de ceux de la synagogue de Satan, qui se disent Juifs et ne le sont pas, mais qui mentent ; voici, je les ferai venir, se prosterner à tes pieds, et connaître que je t'ai aimé. Parce que tu as gardé la parole de la persévérance en moi, je te garderai aussi à l'heure de la tentation qui va venir sur le monde entier, pour éprouver les habitants de la terre. Je viens bientôt. Retiens ce que tu as, afin que personne ne prenne ta couronne. Celui qui vaincra, je ferai de lui une colonne dans le temple de mon Dieu, et il n'en sortira plus ; j'écrirai sur lui le nom de mon Dieu, et le nom de la ville de mon Dieu, de la nouvelle Jérusalem qui descend du ciel d'auprès de mon Dieu, et mon nom nouveau. Que celui qui a des oreilles entende ce que l'Esprit dit aux Églises !

18. Que signifie le nom Philadelphie ? *Apocalypse 3 : 7*

« *Ecris à l'ange de l'Église de Philadelphie* »

Note: Littéralement : « *Amour fraternel* ».

19. Sur quelle durée s'étend le temps de Philadelphie ?

Note: La période de Philadelphie est environ un siècle, de 1790 à 1840 ap. J.C. A cette époque, naquirent et s'étendirent les mouvements de missions étrangères. Les sociétés Bibliques américaines, britanniques et autres furent organisées. De grands prédicateurs « revitalistes » comme Wesley et Whitefield apparurent sur la scène. L'étude des livres de *Daniel* et de l'*Apocalypse* provoqua le plus grand réveil religieux depuis la réformation.

20. Jésus adressa-t-il de reproches à cette Eglise ?

« *Voici, je te donne de ceux de la synagogue de Satan, qui se disent Juifs et ne le sont pas, mais qui mentent ; voici, je les ferai venir, se prosterner à tes pieds, et connaître que je t'ai aimé. « j'écrirai sur lui le nom de mon Dieu, et le nom de la ville de mon Dieu, de la nouvelle Jérusalem qui descend du ciel d'auprès de mon Dieu, et mon nom nouveau.* »

COMMUNAUTES IMPLIQUEES PAR L'ETUDE DES 2300 SOIRS ET MATINS : LES ADVENTISTES DU SEPTIEME JOUR ET LES TEMOINS DE JEHOVAH (Confer étude biblique N° 2)

Note: Deux communautés ecclésiales des années 1840 et 1900 comme déterminant l'Eglise de Philadelphie (correspondant à cette période-là d'après (Apocalypse 3 : 7). *Les Adventistes du Septième Jour* et *Les Témoins de Jéhovah* à vrai dire, qui ne formaient alors à cette époque qu'une seule communauté, avaient été attentives à cette prophétie de la purification du sanctuaire des 2300 soirs et matins de Daniel. Elles essayèrent avec les lumières de leur époque de comprendre la volonté de Dieu qui était montrée à son Eglise ; sauf qu'elles annoncèrent une prophétie impossible du point de vue chrétien. Car elles se permirent d'avancer qu'en 1844, correspondaient à la fin des 2300 soirs et matins de Daniel 9, et que ce serait aussi la date du retour du Christ, et donc de la fin du monde! Alors elles essuyèrent naturellement une humiliation profonde de la part même des non croyants. Normal puisque même Christ n'a jamais laisser planer de doute sur une date probable de son retour ! Alors ces deux communautés dans leur compréhension chronologique de la purification du sanctuaire, n'étaient pas très éloignées de la date. Mais elles ne comprirent pas alors clairement l'évènement qui devait avoir lieu à ce moment-là. Elles supposèrent que le sanctuaire était la terre, et que sa purification annonçait la seconde venue du Christ. Elles furent profondément déçues que le Christ ne vint pas à la fin des 2300 ans comme elles avaient espéré. Ainsi donc, tout comme les disciples de Jésus furent grandement désappointés lorsque leur Seigneur et Maitre, en qui ils avaient reconnu le Messie tant attendu, fut crucifié et enterré dans la tombe de Joseph, ces chrétiens dès 1844 furent profondément déçus de ce que Jésus ne vint pas pour la seconde fois. A la fin des 2300 ans comme elles s'y attendaient, mais de même que Dieu a permis aux disciples de surmonter leur déception, en sorte que leur « peine » se changea en *« joie » (Jean 16 : 20)* de même il permit à ses disciples de dominer la grande déception de 1844. Ceux qui avaient attendu avec joie le retour de Jésus apprirent qu'ils devaient *« prophétiser de nouveau sur beaucoup de peuples, de nations, de langues et de rois » Apocalypse 10 : 8- 11)*. La purification du sanctuaire était un évènement qui devait avoir lieu non pas sur la terre mais dans le ciel. C'est de l'œuvre finale accomplie dans le sanctuaire céleste par Jésus, notre Souverain Sacrificateur, incarnant Michael le Chef de l'armée de l'Eternel qui chassa le Diable et tous ses anges hors du Ciel.

21. Comment ces deux communautés prirent-elles le signe du " 666 " l'une et l'autre séparément ?

Depuis que cette purification du sanctuaire fut achevée, plusieurs évènements sont en perspectifs d'annoncer le retour de Jésus pour la seconde fois, mais pour ces deux communautés tout comme les autres dénominations, elles perdirent leur statuts d'Eglises du Christ dès lors où elles s'appelèrent des noms que Christ n'avait jamais recommandés *''Adventistes du Septième Jour''* ou *''Témoins de Jéhovah''*. Bien, que toutes deux observèrent séparément une part des dix commandements, dont les Témoins de Jéhovah l'une les trois premiers se préservant ainsi de prendre le signe de la Bête le ''666'' sur le Front, et l'autre les Adventistes du septième jour observant le quatrième commandement qui concerne le Sabbat, préservant leurs adeptes de prendre le ''666'' sur la main par l'observation du Saint Sabbat. Mais cette dernière communauté réintroduisit dans son culte beaucoup d'autres pratiques telles que la Dime, l'abstention d'aliments impures en suivant le modèle des coutumes juives comme lois absolu dans l'Eglise, et non pas comme volonté libre et individuelle que les Apôtres permirent à chacun d'en apprécier la pertinence d'observation sans préjugés d'usage. Il en fut de même pour le célibat forcé des témoins de Jéhovah. Et que dire du Baptême qui selon toutes deux ne devrait plus se faire suivant le canevas des Apôtres ! L'une se permettant de baptiser du Saint Esprit en lieu et place du Christ, devenant antéchrist, et l'autre sans prononcer de paroles en raison d'une incompréhension de la dernière consigne du Christ aux Apôtres, derrière une apparente contradiction des saintes écritures (*Mathieu 28 : 19*). Egalement elles se fourvoyèrent sur la présence du Christ par l'entremise de son Esprit Saint dont elles se refusèrent de reconnaitre l'action au sein de son Eglise, et perdirent le sens de la direction de la prophétie. Du coup, elles furent décrochées aussi du statut d'Eglise du Christ selon que l'annonçait la prophétie les concernant dans *Apocalypse 3 : 8- 9* « *Et que tu n'as pas renié mon nom …Voici, je te donne de ceux de la synagogue de Satan, qui se disent Juifs et ne le sont pas, mais qui mentent ; voici, je les ferai venir, se prosterner à tes pieds, et connaître que je t'ai aimé* ». Pour s'être passé juive dans les observations des coutumes alimentaires et de l'observation du Sabbat par l'une, et de l'autre de garder l'anglicisme Jéhovah du nom traduit de Yahwéh, et de l'observation des trois premiers commandements de Dieu, elles purent bénéficier du statut d'Eglises du Christ pendant la période allant de 1840 à 1900 comme Sixième Eglise appelée Philadelphie. Elles le perdirent surtout en raison du refus de l'une comme de l'autre d'avancer dans la compréhension de la Bible, attitude du moins répréhensible de la non observation complète des dix commandements de Dieu. *Les Adventistes* donnèrent une place importante à une prophétesse de mensonge, une certaine Ellen G. White qui annonça plusieurs prophéties qui ne se sont jamais accomplies. D'ailleurs plusieurs d'entre ces prophéties étaient en contre sens total avec la Bible, qu'elle se permit parfois de critiquer ! De même que *les Témoins de Jéhovah* qui annoncèrent des prophéties de la part de l'esclave fidèle et avisé depuis leur prétendu siège appelé *''Salle Du Royaume''*, dont Dieu ne fit également jamais attestion d'un seul accomplissement d'une prophétie annoncée par cette communauté. En cela Dieu étant le seul garant d'une prophétie si elle venait à s'accomplir comme étant une preuve de ce qu'il l'aurait inspirée à ce prophète parmi son peuple, la crédibilité de ces deux communautés, fut mise à mal avec raison selon que le recommande aussi la Bible. Deutéronome 18 : 22 « *Quand ce que dira le prophète n'aura pas lieu et n'arrivera pas, ce sera une parole que l'Éternel n'aura point dite. C'est par audace que le prophète l'aura dite : n'aie pas peur de lui.* »

7ème Eglise - LAODICEE - LE CHRISTIANISME CONTEMPORAIN

Apocalypse 3 : 14 -

Écris à l'ange de l'Église de Laodicée : Voici ce que dit l'Amen, le témoin fidèle et véritable, le commencement de la création de Dieu : Je connais tes œuvres. Je sais que tu n'es ni froid ni bouillant. Puisses-tu être froid ou bouillant ! Ainsi, parce que tu es tiède, et que tu n'es ni froid ni bouillant, je te vomirai de ma bouche. Parce que tu dis : Je suis riche, je me suis enrichi, et je n'ai besoin de rien, et parce que tu ne sais pas que tu es malheureux, misérable, pauvre, aveugle et nu, je te conseille d'acheter de moi de l'or éprouvé par le feu, afin que tu deviennes riche, et des vêtements blancs, afin que tu sois vêtu et que la honte de ta nudité ne paraisse pas, et un collyre pour oindre tes yeux, afin que tu voies. Moi, je reprends et je châtie tous ceux que j'aime. Aie donc du zèle, et repens-toi. Voici, je me tiens à la porte, et je frappe. Si quelqu'un entend ma voix et ouvre la porte, j'entrerai chez lui, je souperai avec lui, et lui avec moi. Celui qui vaincra, je le ferai asseoir avec moi sur mon trône, comme moi j'ai vaincu et me suis assis avec mon Père sur son trône. Que celui qui a des oreilles entende ce que l'Esprit dit aux Églises ! »

22. Quel est le problème de Laodicée ? *Apocalypse 3 : 16*

« Nous sommes ....

Nous nous croyons spirituellement ...... et pensons n'avoir besoins de rien, alors que nous sommes en réalité ......, misérables, pauvres, aveugles et ....»

Note: L'époque de Laodicée commence au milieu du 19 siècle et s'étend jusqu'au retour de Jésus. (1840 à la fin des temps). Nos cœurs saignent de voir que Laodicée représente l'Eglise contemporaine. C'est une Eglise grande, vantarde, mais gravement malade et ayant besoin de soins divins. Cette condition est alarmante et réclame une attention immédiate.

23. Quels sont les trois médicaments que Jésus recommande d'acheter ? *Apocalypse 3 : 18*

.... 2......................... 3. ....

1. Or ; C'est-à-dire les vraies richesses célestes qui se manifestent dans un caractère semblable à celui de Christ. Ceci vient par la connaissance de la parole appliquée, par la foi, dans nos vies et se révèle par des actes d'amour. *Psaume 19 : 7- 10 Galates 5 :6 Jacques 2 : 5 Job 23 : 10*

2. Vêtements blancs ; La robe de la justice de Jésus. Esaïe 61 :10, Apocalypse 19 : 8 Jésus en fait don gratuitement. Nous ne faisons rien pour le mériter. Nous le recevons uniquement par la foi et le conservons de la même manière. *Zacharie 3 : 1-5 Romain 1 : 17*

Collyre ; Il représente (a) le discernement pour comprendre la parole de Dieu. *Psaume 119 : 18*. (b) Le Saint-Esprit, pour nous aider à voir notre condition réelle et à faire les choix appropriés. *Jean 14 : 26 Ephésiens 1 : 17 – 19*

24. Quand est-ce que Jésus-Christ avait avertit-il de la victoire de son Eglise sur le mal ? *Mathieu 16 : 18*

« Et moi, je te dis que tu es Pierre, et que sur cette pierre je bâtirai mon Église, et que les portes du séjour des morts ne prévaudront point contre elle. »

Note:

25. Jésus-Christ viendra-t-il chercher Laodicée ? *Apocalypse 3 : 15 -16*

« Puisses-tu être froid ou bouillant ! Ainsi, parce que tu es tiède, et que tu n'es ni froid ni bouillant, je te vomirai de ma bouche. »

Note:

26. Laodicée est-elle la dernière Eglise ? *Apocalypse 14 : 1 « Je regardai, et voici, l'agneau se tenait sur la montagne de Sion, et avec lui cent quarante-quatre mille personnes, qui avaient son nom et le nom de son Père écrit sur leurs fronts. »*

27. Quand commença le ministère auprès des 144 000 ?

Apocalypse 7 : 3 - 4 « Ne faites point de mal à la terre, ni à la mer, ni aux arbres, jusqu'à ce que nous ayons marqué du sceau le front des serviteurs de notre Dieu. Et j'entendis le nombre de ceux qui avaient été marqués du sceau, cent quarante-quatre mille, de toutes les tribus des fils d'Israël »

Note:

28. Quels versets démontrent-ils cette vérité en faveur des 144 000 comme seule Eglise au retour du Christ ? Zacharie 12 : 10 – 12

« *Alors je répandrai sur la maison de David et sur les habitants de Jérusalem Un esprit de grâce et de supplication, Et ils tourneront les regards vers moi, celui qu'ils ont percé. Ils pleureront sur lui comme on pleure sur un fils unique, Ils pleureront amèrement sur lui comme on pleure sur un premier-né. En ce jour-là, le deuil sera grand à Jérusalem, Comme le deuil d'Hadadrimmon dans la vallée de Méguiddon. Le pays sera dans le deuil, chaque famille séparément : La famille de la maison de David séparément, et les femmes à part ; La famille de la maison de Nathan séparément, et les femmes à part ; …* »

Note:

29. Combien de personnes furent-elles sauvées lors du déluge de Noé ? 1 Pierre 3 : 20 « *qui autrefois avaient été incrédules, lorsque la patience de Dieu se prolongeait, aux jours de Noé, pendant la construction de l'arche, dans laquelle un petit nombre de personnes, c'est-à-dire huit, furent sauvées à travers l'eau.* »

30. Et du temps de Lot ? Luc 17 : 28- 30, 32

« Ce qui arriva du temps de Lot arrivera pareillement. Les hommes mangeaient, buvaient, achetaient, vendaient, plantaient, bâtissaient ; mais le jour où Lot sortit de Sodome, une pluie de feu et de souffre tomba du ciel, et les fit tous périr. Il en sera de même le jour où le Fils de l'homme paraîtra. (...) *Souvenez-vous de la femme de Lot. »*

31. Qu'a déclaré Jésus sur le nombre de personnes qui serait sauvées au jour de son retour ? Luc 17 : 26 – 30

« Ce qui arriva du temps de Noé arrivera de même aux jours du Fils de l'homme. Les hommes mangeaient, buvaient, se mariaient et mariaient leurs enfants, jusqu'au jour où Noé entra dans l'arche ; le déluge vint, et les fit tous périr. Ce qui arriva du temps de Lot arrivera pareillement. Les hommes mangeaient, buvaient, achetaient, vendaient, plantaient, bâtissaient ; mais le jour où Lot sortit de Sodome, une pluie de feu et de souffre tomba du ciel, et les fit tous périr. Il en sera de même le jour où le Fils de l'homme paraîtra. »

Note: Le nombre de personnes ayant acquis le salut en Jésus ne sera pas représentatif des statistiques pléthoriques actuelles dans les Eglises. La minorité ne fait pas de doute sur l'affluence mensongère. La Bible déclare que les Hommes seront pareil aux jours de Noé et de Lot : c'est-dire très, très peu attentifs aux signes qui précédèrent la fin de la génération du monde d'alors. Voilà pourquoi l'effectif annoncé prophétiquement par beaucoup de d'oracles de Dieu, et par Le Christ Lui-même, 144000 est tout à fait numériquement adéquate aux 8 précédemment, si nous nous en tenons au principe de La Bible qui soutient toujours l'attitude incorrigible des Hommes, attendant toujours que les choses se dupliquent pour y prêter attention. Hélas que non dans le second cas de la venue du Fils de Dieu en tant que Juge. Il sera bel et bien trop tard pour « *toutes les tributs de la terre qui se lamenteront* ». Déjà à compter du moment où la porte de la grâce se fermera sur ces habitants du monde insoucieux comme un filet malheureusement dit Jésus-Christ, avertissant à ces disciples de veiller de jour comme de nuit !

32. Quand est-ce que l'évangile fut-il annoncé aux nations ?

Actes 22 : 20 - 21 « *Lorsqu'on répandit le sang d'Étienne, ton témoin, j'étais moi-même présent, joignant mon approbation à celle des autres, et gardant les vêtements de ceux qui le faisaient mourir. Alors il me dit : Va, je t'enverrai au loin vers les nations.* »

Note:

33. Mais le temps des nations était-il indéfinis ?

Luc 21 : 23 - 24 « *Car il y aura une grande détresse dans le pays, et de la colère contre ce peuple. Ils tomberont sous le tranchant de l'épée, ils seront emmenés captifs parmi toutes les nations, et Jérusalem sera foulée aux pieds par les nations, jusqu'à ce que les temps des nations soient accomplies.* »

34. Comment puis- je recevoir ces dons précieux ?

Apocalypse 3 :20

Ouvrir la .... De mon cœur et laisser ....entrer dans ma vie ....

Note: Bien que Jésus puisse ouvrir plusieurs portes, il ne forcera pas celle de mon cœur. Cela, je dois le faire moi-même.

35. Voulez acceptez ces dons ?

Réponse :

....

Note: Jésus dit que son Eglise des derniers temps n'est, pas prête pour sa venue. Le conseil donné dans Apocalypse 3 est fondamental. Il lui reste cependant encore beaucoup à nous dire dans les 19 autres chapitres de l'Apocalypse. Certains de ses conseils pourront me paraitre surprenantes, voir même étonnants, mais comme ils viennent de Lui, je les suivrai de tout mon cœur.

36. Et vous ?

Réponse :

....

37. Que représentent les dix cornes ?

Apocalypse 17 : 12 – 14 « *Les dix cornes que tu as vues sont dix rois, qui n'ont pas encore reçu de royaume... Ils combattront contre l'agneau, et l'agneau les vaincra, parce qu'il est le Seigneur des seigneurs et le Roi des rois, et les appelés, les élus et les fidèles qui sont avec lui les vaincront aussi.* »

Note: Ces dix rois représentent les dix premières nations de l'Europe moderne contemporaine qui combattent Jésus par la pratique d'un culte encadré par l'Etat, et la distorsion du droit. Notamment : promotion des groupes sexospécifiques contre nature, détérioration du tissu sociale, Allégeance au 666 et son trône le VATICAN, tolérance des responsables homophiles et pédophiles dans toutes les sphères ecclésiales et sociales, expansion des crises humanitaires et sociales, Etc…

38. Combien de temps leur est-il accordé dans la Bible ?

Apocalypse 17 : 12 « *Les dix cornes que tu as vues sont dix rois, qui n'ont pas encore reçu de royaume, mais qui reçoivent autorité comme rois pendant une heure avec la bête.* »

Note: C'est la dernière heure. Nous prévient la Bible. Dans le texte de 1 Jean 2 : 18 « *Petits enfants, c'est la dernière heure, et comme vous avez appris qu'un antéchrist vient, il y a maintenant plusieurs antéchrists : par là nous connaissons que c'est la dernière heure.* »

39. Qu'est ce qui a été le signe de l'alerte de la fin du monde selon Jésus ? Mathieu 24 : 15

« *C'est pourquoi, lorsque vous verrez l'abomination de la désolation, dont a parlé le prophète Daniel, établie en lieu saint, -que celui qui lit fasse attention !* »

Note: Pour revenir au songe de Daniel qui a été l'élément que Jésus a cité, l'histoire de ces royaumes antiques a commencé par le celui de Babylone et son empereur Nebucadnetsar qui fut le Roi de toute la terre, à cette époque-là ! Ensuite, passant par les royaumes des Mèdes et des Perses qui vont en remplacer la précédente d'une autorité supranationale. La troisième puissance après les deux fut l'empire Grec. Enfin, la dernière puissance supra mondiale qui succéda à ces royaumes, a été l'empire Romaine. Dont la Bible dit que durant son règne, ce royaume va « *recevoir la pierre qui se détacha du ciel sans le secours d'une main et anéantit tous les précédents royaumes.* » Et c'est justement durant le règne de Rome que Jésus-Christ va naitre. Et la Bible nous dit que « *plus jamais un royaume de la terre ne va dominer sur les enfants de Dieu et de son Royaume suprême. Car il sera le royaume définitif et éternel de Dieu* ».

40. L'Eglise peut-elle donc appartenir à un pays ?

Jean 18 : 36 « *Mon royaume n'est pas de ce monde, répondit Jésus. Si mon royaume était de ce monde, mes serviteurs auraient combattu pour moi afin que je ne fusse pas livré aux Juifs ; mais maintenant mon royaume n'est point d'ici-bas.* »

USURPATION DU STATUT DE " PASTEUR " QUE LES "ANCIENS" DE L'EGLISE SE DONNENT IMPUDIQUEMENT

41. Comment l'Apôtre Pierre appelait-il les dirigeants de l'Eglise chrétienne aux temps bibliques ? *1 Pierre 5 : 2 - 4*

« Voici les exhortations que j'adresse aux anciens qui sont parmi vous »

42. Par quel synonyme l'Apôtre Paul appelait-il les Anciens de l'Eglise ? *Actes 20 : 28 - 35*

« Prenez donc garde à vous-mêmes, et à tout le troupeau sur lequel le Saint Esprit vous a établis évêques, pour paître l'Église du Seigneur, qu'il s'est acquise par son propre sang. »

43. Dans quel autre passage, le terme « évêque » est-il encore employé dans la Bible, pour désigner les Anciens de l'Eglise ? *Tite 1 : 5 - 7*

« Je t'ai laissé en Crète, afin que tu mettes en ordre ce qui reste à régler, et que, selon mes instructions, tu établisses ***des anciens*** *dans chaque ville, s'il s'y trouve quelque homme irréprochable, mari d'une seule femme, ayant des enfants fidèles, qui ne soient ni accusés de débauche ni rebelles.* ***Car il faut que l'évêque*** *soit irréprochable, comme économe de Dieu ; qu'il ne soit ni arrogant, ni colère, ni adonné au vin, ni violent, ni porté à un gain*

déshonnête.»

44. En plus de ce qui est dit précédemment, la Bible impose-telle des qualités et valeurs supplémentaires aux évêques et aux membres de leur famille, pour exercer dans l'Eglise ? *Tite 1 : 8 - 9*

« Mais qu'il soit hospitalier, ami des gens de bien, modéré, juste, saint, tempérant, attaché à la vraie parole telle qu'elle a été enseignée, afin d'être capable d'exhorter selon la saine doctrine et de réfuter les contradicteurs. »

45. Quelle est la première mission des Anciens ou évêques dans l'Eglise ? *Tite 1 : 10 – 11, 13 - 14*

« Il y a, en effet, surtout parmi les circoncis, beaucoup de gens rebelles, de vains discoureurs et de séducteurs, auxquels il faut fermer la bouche. Ils bouleversent des familles entières, enseignant pour un gain honteux ce qu'on ne doit pas enseigner. (…) Ce témoignage est vrai. C'est pourquoi reprends-les sévèrement, afin qu'ils aient une foi saine, et qu'ils ne s'attachent pas à des fables judaïques et à des commandements d'hommes qui se détournent de la vérité. »

46. Parlant de l'avarice qui animait des Anciens, comment la Bible dénonce-t-elle leur cupidité ? *Tite 1 : 12*

« L'un d'entre eux, leur propre prophète, a dit : Crétois toujours menteurs, méchantes bêtes, ventres paresseux. »

47. Comment Paul prononce-t-il la prophétie sur le caractère cupide des prétendus pasteurs ? Actes 20 : 28 - 35

« *Je sais qu'il s'introduira parmi vous, après mon départ, des loups cruels qui n'épargneront pas le troupeau, et qu'il s'élèvera du milieu de vous des hommes qui enseigneront des choses pernicieuses, pour entraîner les disciples après eux.* »

48. Les dirigeants encore appelés Anciens doivent-ils travailler de manière volatile ? Actes 20 : 28 - 35

« *Veillez donc, vous souvenant que,* ***durant trois années****, je n'ai cessé* ***nuit et jour*** *d'exhorter avec larmes chacun de vous. Et maintenant je vous recommande à Dieu et à la parole de sa grâce, à celui qui peut édifier et donner l'héritage avec tous les sanctifiés.* »

49. Comment les anciens d'Eglise doivent-ils se mettre à l'abri du besoin ? Actes 20 : 28 - 35

« *Je n'ai désiré ni l'argent, ni l'or, ni les vêtements de personne. Vous savez vous-mêmes que ces mains ont pourvus à mes besoins et à ceux des personnes qui étaient avec moi. Je vous ai montré de toutes manières que c'est en travaillant ainsi qu'il faut soutenir les faibles, et se rappeler les paroles du Seigneur, qui a dit lui-même : Il y a plus de bonheur à donner qu'à recevoir.* »

50. Quelle mission l'Apôtre Pierre reçu-t-il directement de Jésus ?

Mathieu 16 : 18 – 19 « *Et moi, je te dis que tu es Pierre, et que sur cette pierre je bâtirai mon Église, et que les portes du séjour des morts ne prévaudront point contre elle. Je te donnerai les clefs du royaume des cieux : ce que tu lieras sur la terre sera lié dans les cieux, et ce que tu délieras sur la terre sera délié dans les cieux.* »

51. Pierre se considérait-il être la pierre principale de l'Eglise ? Ephésiens 2 :19 - 22

« *Ainsi donc, vous n'êtes plus des étrangers, ni des gens du dehors ; mais vous êtes concitoyens des saints, gens de la maison de Dieu. Vous avez été édifiés sur le fondement des apôtres et des prophètes, Jésus Christ lui-même étant la pierre angulaire. En lui tout l'édifice, bien coordonné, s'élève pour être un temple saint dans le Seigneur. En lui vous êtes aussi édifiés pour être une habitation de Dieu en Esprit.* »

1 Pierre 2 : 7 - 10 « *L'honneur est donc pour vous, qui croyez. Mais, pour les incrédules, La pierre qu'ont rejetée ceux qui bâtissaient Est devenue la principale de l'angle, Et une pierre d'achoppement Et un rocher de scandale ; ils s'y heurtent pour n'avoir pas cru à la parole, et c'est à cela qu'ils sont destinés. Vous, au contraire, vous êtes une race élue, un sacerdoce royal, une nation sainte, un peuple acquis, afin que vous annonciez les vertus de celui qui vous a appelés des ténèbres à son admirable lumière, vous qui autrefois n'étiez pas un peuple, et qui maintenant êtes le peuple de Dieu, vous qui n'aviez pas obtenu miséricorde, et qui maintenant avez obtenu miséricorde.*»

52. Christ avait-il recommandé de construire des bâtiments appelés "Eglises" durant l'ère apostolique ?

1 Corinthiens 16 : 19 « *Les Églises d'Asie vous saluent. Aquilas et Priscille, avec l'Église qui est dans leur maison, vous saluent beaucoup dans le Seigneur.*»

Note: A titre de rappel nos lieux de cultes exclusifs, seront obligatoirement des maisons d'habitation personnelle. Exception pourra être faite en cas d'octroie d'un espace plus grand par un membre de l'Eglise si et seulement si, ce bâtiment peut jouir des prérogatives assignées à une maison d'habitation familiale, par les autorités du pays en question, conformément au respect du droit foncier ou des normes sur l'habitat.

53. Quelle préfiguration cette répartition groupusculaire par Jésus lors du partage du pain et des poissons annonçait-elle ? Marc 6 : 35 – 44

« *Comme l'heure était déjà avancée, ses disciples s'approchèrent de lui, et dirent : Ce lieu est désert, et l'heure est déjà avancée ; renvoie-les, afin qu'ils aillent dans les campagnes et dans les villages des environs, pour s'acheter de quoi manger. Jésus leur répondit : Donnez-leur vous-mêmes à manger. Mais ils lui dirent : Irions-nous acheter des pains pour deux cents deniers, et leur donnerions-nous à manger ? Et il leur dit : Combien Avez-vous de pains ? Allez voir. Ils s'en assurèrent, et répondirent : Cinq, et deux poissons. Alors il leur commanda de les faire tous asseoir par groupes sur l'herbe verte, et ils s'assirent par rangées de cent et de cinquante. Il prit les cinq pains et les deux poissons et, levant les yeux vers le ciel, il rendit grâces. Puis, il rompit les pains, et les donna aux disciples, afin qu'ils les distribuassent à la foule. Il partagea aussi les deux poissons entre tous. Tous mangèrent et furent rassasiés, et l'on emporta douze paniers pleins de morceaux de pain et de ce qui restait des poissons. Ceux qui avaient mangé les pains étaient cinq mille hommes.* »

Note: Marc 6 : 35 – 44 « *Alors il leur commanda de les faire tous asseoir par groupes sur l'herbe verte, et ils s'assirent par rangées de cent et de cinquante.* » Ceci étant, nous voulons rester aussi près des consignes du Christ en matière de culte.

54. Qu'est ce qui fait de Pierre devenir le leader des autres Anciens, ses frères ? Jean 21 : 15 - 17

« *Après qu'ils eurent mangé, Jésus dit à Simon Pierre : Simon, fils de Jonas, m'aimes-tu plus que ne m'aiment ceux-ci ? Il lui répondit : Oui, Seigneur, tu sais que je t'aime. Jésus lui dit : Pais mes agneaux. Il lui dit une seconde fois : Simon, fils de Jonas, m'aimes-tu ? Pierre lui répondit : Oui, Seigneur, tu sais que je t'aime. Jésus lui dit : Pais mes brebis. Il lui dit pour la troisième fois : Simon, fils de Jonas, m'aimes-tu ? Pierre fut attristé de ce qu'il lui avait dit pour la troisième fois : M'aimes-tu ? Et il lui répondit : Seigneur, tu sais toutes choses, tu sais que je t'aime. Jésus lui dit : Pais mes brebis.* »

55. Mais Pierre se considérait-il au-dessus des autres Anciens de l'Eglise ? 1 Pierre 5 : 2 – 4

« *Moi* ***ancien comme eux****, témoin des souffrances de Christ, et participant de la gloire qui doit être manifestée* »

56. De quel nom l'Apôtre Pierre se faisait-il appelé ? 1 Pierre 5 : 2 – 4

« ***Moi ancien comme eux***, *témoin des souffrances de Christ, et participant de la gloire qui doit être manifestée* »

57. Etait-ce une tâche bénévole, que de servir l'Eglise au temps Bibliques des Apôtres ? 1 Pierre 5 : 2 – 4

« *Paissez le troupeau de Dieu qui est sous votre garde, non par contrainte, mais volontairement, selon Dieu* »

58. Quelle était la motivation des Anciens du temps des Apôtres ? 1 Pierre 5 : 2 – 4

« *Non pour un gain sordide, mais avec dévouement ; non comme dominant sur ceux qui vous sont échus en partage, mais en étant les modèles du troupeau.* »

59. Qui est considéré comme "Souverain Berger" de l'Eglise ? 1 Pierre 5 : 2 – 4

« *Et lorsque le souverain pasteur paraîtra, vous obtiendrez la couronne incorruptible de la gloire.* »

60. Quel est le synonyme de souverain Berger ?

Note: **Archevêque.**

61. Ainsi donc, peut-on appeler un responsable « Archevêque », dans l'Eglise ?

Note: Non ! Il n'appartient nullement à un chrétien de se distinguer de ses frères par ce titre d'Archevêque : Parce qu'en fait ce titre signifie « **Souverain Evêque** ». Or il ne revient qu'à Christ d'être le Souverain Pasteur ou « Souverain Berger de son Eglise ». Pas plus que le titre de Pasteur qui revient exclusivement au Fils unique de Dieu. Cependant les dirigeants de l'Eglise peuvent et doivent être appelés du titre d'Anciens, Vieillards, Surveillants, au même titre que le furent les Apôtres Pierre et Paul dans leur temps.

62. La Bible mentionne-t-elle le sacre de femmes au titre d'Anciennes ou impudiquement de "Pasteur" dans l'Eglise ?

Note: L'exemple de Joyce Mayer aux Etats Unies *Deutéronome 22 : 5 « Une femme ne portera point un habillement d'homme, et un homme ne mettra point des vêtements de femme ; car quiconque fait ces choses est en abomination à l'Éternel, ton Dieu. »*

63. La Bible permet-elle aux femmes de s'exprimer dans l'Eglise du Christ ? *1 Corinthiens 14 : 32 – 37*

« Comme dans toutes les Églises des saints, que les femmes se taisent dans les assemblées, car il ne leur est pas permis d'y parler ; mais qu'elles soient soumises, selon que le dit aussi la loi. Si elles veulent s'instruire sur

quelque chose, qu'elles interrogent leurs maris à la maison ; car il est malséant à une femme de parler dans l'Église. Est-ce de chez vous que la parole de Dieu est sortie ? Ou est-ce à vous seuls qu'elle est parvenue ? »

64. Cette disposition du Christ par l'apôtre, comment est-elle considérée dans la Bible ? 1 Corinthiens 14 : 32 – 37

« *Si quelqu'un croit être prophète ou inspiré, qu'il reconnaisse que ce que je vous écris est* ***un commandement du Seigneur.*** »

65. Pour quoi en est-il ainsi ? 1 Corinthiens 14 : 32

« *Les esprits des prophètes sont soumis aux prophètes ; car Dieu n'est pas un Dieu de désordre, mais de paix.* »

66. Pour quoi la Bible parle-t-elle du don de Pasteur alors qu'il n'en existe aucune personne qui s'en fut nommée ainsi individuellement ? Matthieu 23 : 1 – 11

« *Alors Jésus, parlant à la foule et à ses disciples, dit : Les scribes et les pharisiens sont assis dans la chaire de Moïse. Faites donc et observez tout ce qu'ils vous disent ; mais n'agissez pas selon leurs œuvres. Car ils disent, et ne font pas. Ils lient des fardeaux pesants, et les mettent sur les épaules des hommes, mais ils ne veulent pas les remuer du doigt. Ils font toutes leurs actions pour être vus des hommes. Ainsi, ils portent de larges phylactères, et ils ont de longues franges à leurs vêtements ; ils aiment la première place dans les festins, et les premiers sièges dans les synagogues ; ils aiment à être salués dans les places publiques, et à être appelés par les hommes Rabbi, Rabbi. Mais vous, ne vous faites pas appeler Rabbi ; car un seul est votre Maître, et vous êtes tous frères. Et n'appelez personne sur la terre votre père ; car un seul est votre Père, celui qui est dans les cieux. Ne vous faites pas appeler directeurs ; car un seul est votre Directeur, le Christ. Le plus grand parmi vous sera votre serviteur.* »

67. Qu'est-ce qu'avoir le don de Pasteur au sens Biblique du terme ? Actes 20 : 28 - 35

« *Prenez donc garde à vous-mêmes, et à tout le troupeau sur lequel le Saint Esprit vous a établis évêques, pour paître l'Église du Seigneur, qu'il s'est acquise par son propre sang.* »

68. A quelle personne était employé le terme Pasteur dans toutes les lettres des Apôtres ? Actes 20 : 28 - 35

« *Le Saint Esprit vous a établis évêques* » « *Paissez le troupeau* » 1 Pierre 5 : 2 – 4 « *sur ceux qui vous sont échus ... les modèles du troupeau.* »

69. Les Hommes peuvent-ils être appelés individuellement du titre de Pasteur au même titre que Jésus ? Matthieu 23 : 1 – 11

« *Ne vous faites pas appeler directeurs ; car un seul est votre Directeur, le Christ. Le plus grand parmi vous sera votre serviteur.* »

70. A qui fait donc allusion le terme Pasteur dans la Bible ?

Note: Le terme **"Pasteur"** fait référence au collège d'Anciens c'est-à-dire le groupe de personnes qualifiées par le Saint Esprit de

Dieu qui veillent sur son peuple, son Eglise et qui en fait appartient à Christ « seul ». Puisqu'il se l'est acquise par son sang qui a coulé à Golgotha il y a deux mille ans pour tous les Hommes du monde ! Donc Pasteur est un terme qui traduit la communauté des dirigeants de l'Eglise locale.

71. Combien de dons de ministère de la parole, Dieu donna-t-il à son Eglise ? 1 Corinthiens 12 : 27 – 31

« Vous êtes le corps de Christ, et vous êtes ses membres, chacun pour sa part. Et Dieu a établi dans l'Église premièrement des apôtres, secondement des prophètes, troisièmement des docteurs, ensuite ceux qui ont le don des miracles, puis ceux qui ont les dons de guérir, de secourir, de gouverner, de parler diverses langues. »

72. Des dons cités ci-dessus, l'Apôtre mentionne-t-il en se questionnant le don de prophétie ? 1 Corinthiens 12 : 27 – 31

« Tous sont-ils apôtres ? Tous sont-ils prophètes ? Tous sont-ils docteurs ? Tous ont-ils le don des miracles ? Tous ont-ils le don des guérisons ? Tous parlent-ils en langues ? Tous interprètent-ils ? Aspirez aux dons les meilleurs. Et je vais encore vous montrer une voie par excellence. »

Note: Non !

73. Et pourquoi ne le fait-il pas ?

Note: En effet c'est parce que Jésus a fait de tous les croyants, une assemblée de Prophètes de Sacrificateurs et de Rois.

a) **Sacrificateurs** quand les chrétiens professent leur Foi au salut grâce au Sang de Jésus-Christ. La mort et le sang de sa crucifixion en est l'élément de notre Sacrificature ! *Apocalypse 5 : 10 « Et ils chantaient un cantique nouveau, en disant : Tu es digne de prendre le livre, et d'en ouvrir les sceaux ; car tu as été immolé, et tu as racheté pour Dieu par ton sang des hommes de toute tribu, de toute langue, de tout peuple, et de toute nation ; tu as fait d'eux* ***un royaume et des sacrificateurs*** *pour notre Dieu, et ils régneront sur la terre. »*

b) **Prophètes**, concernant toute personne ayant cru en Jésus et qui déclare lorsqu'il évangélise ou simplement proclame les principes de sa foi chrétienne en disant « *Jésus revient bientôt* », est en train de prophétiser. Et nous savons que la foi des vrais croyants est basée sur ce postulat d'attente du retour du Fils de Dieu, après avoir accepté que Lui seul Jésus-Christ, nous met en relation avec Dieu le Père au moyen des Saintes Ecritures et du Saint esprit, suite au Baptême par immersion et au Nom suffisant de Jésus-Christ.

c) **Rois** en recevant le Baptême de l'eau par immersion et l'onction du Saint Esprit que Jésus seul accorde à ses brebis, remplaçant ainsi le signe d'intronisation des Rois Israelites autrefois par l'Onction de l'huile. Ainsi tous ceux et celles qui acceptent le Fils de Dieu comme leu seigneur et Sauveur deviennent Rois et reçoivent ces trois attributs : **Sacrificateurs, Prophètes,** et **Rois**. *Actes 10 : 37 - 38 « commencé en Galilée, à la suite du baptême que Jean a prêché ; vous* *savez comment Dieu a oint du Saint Esprit et de force Jésus de Nazareth* » 2 Corinthiens 1 : 21 – 22 « *Et celui qui nous affermit avec vous en Christ, et qui nous a oints, c'est Dieu, lequel nous a aussi marqués d'un sceau et a mis dans nos cœurs les arrhes de l'Esprit.* »

74. Combien de dons de la parole, Dieu fit-il à son Eglise ?

Ephésiens 4 : 10 – 15

« *Celui qui est descendu, c'est le même qui est monté au-dessus de tous les cieux, afin de remplir toutes choses. Et il a donné les uns comme apôtres, les autres comme prophètes, les autres comme évangélistes, les autres comme pasteurs et docteurs, pour le perfectionnement des saints en vue de l'œuvre du ministère et de l'édification du corps de Christ, jusqu'à ce que nous soyons tous parvenus à l'unité de la foi et de la connaissance du Fils de Dieu, à l'état d'homme fait, à la mesure de la stature parfaite de Christ, afin que nous ne soyons plus des enfants, flottants et emportés à tout vent de doctrine, par la tromperie des hommes, par leur ruse dans les moyens de séduction, mais que, professant la vérité dans la charité, nous croissions à tous égards en celui qui est le chef, Christ.*

L'ORDONNANCE BIBLIQUE ORGANISANT LE CULTE CHRETIEN, OPPOSEE A L'ACTUEL CLERICALISME MONDAIN DANS LES EGLISES BABYLONIENNES.

75. « **Que faire donc, frères ?** 1 Corinthiens 14 : 26

Lorsque vous vous assemblez, les uns ou les autres parmi vous ont-ils un cantique, une instruction, une révélation, une langue, une interprétation, que tout se fasse pour l'édification. »

76. Quelle est la consigne de l'Apôtre Paul pour l'exercice du don de langue dans l'Eglise ? 1 Corinthiens 14 : 27

« *En est-il qui parlent en langue, que deux ou trois au plus parlent, chacun à son tour, et que quelqu'un interprète* »

77. Selon la Bible le don de langue et la prophétie, concernent respectivement quelle catégorie de personnes ?

1 Corinthiens 14 : 27 « *Par conséquent, les langues sont un signe, non pour les croyants, mais pour les non-croyants ; la prophétie, au contraire, est un signe, non pour les non-croyants, mais pour les croyants. Si donc, dans une assemblée de l'Église entière, tous parlent en langues, et qu'il survienne des hommes du peuple ou des non-croyants, ne diront-ils pas que vous êtes fous ? Mais si tous prophétisent, et qu'il survienne quelque non-croyant ou*

un homme du peuple, il est convaincu par tous, il est jugé par tous, les secrets de son cœur sont dévoilés, de telle sorte que, tombant sur sa face, il adorera Dieu, et publiera que Dieu est réellement au milieu de vous »

78. Fausses conceptions de l'exercice du don de langue dans les Eglise contemporaines : 1 Corinthiens 14 : 2

« *En effet, celui qui parle en langue ne parle pas aux hommes, mais à Dieu, car personne ne le comprend, et c'est en esprit qu'il dit des mystères. Celui qui prophétise, au contraire, parle aux hommes, les édifie, les exhorte, les console. Celui qui parle en langue s'édifie lui-même ; celui qui prophétise édifie l'Église. Je désire que vous parliez tous en langues, mais encore plus que vous prophétisiez. Celui qui prophétise est plus grand que celui qui parle en langues, à moins que ce dernier n'interprète, pour que l'Église en reçoive de l'édification. Et maintenant, frères, de quelle utilité vous serais-je, si je venais à vous parlant en langues, et si je ne vous parlais pas par révélation, ou par connaissance, ou par prophétie, ou par doctrine ? Si les objets inanimés qui rendent un son, comme une flûte ou une harpe, ne rendent pas des sons distincts, comment reconnaîtra-t-on ce qui est joué sur la flûte ou sur la harpe ? Et si la trompette rend un son confus, qui se préparera au combat ? De même vous, si par la langue vous ne donnez pas une parole distincte, comment saura-t-on ce que vous dites ? Car vous parlerez en l'air. Quelque nombreuses que puissent être dans le monde les diverses langues, il n'en est aucune qui ne soit une langue inintelligible ; si donc je ne connais pas le sens de la langue, je serai un barbare pour celui qui parle, et celui qui parle sera un barbare pour moi. De même vous, puisque vous aspirez aux dons spirituels, que ce soit pour l'édification de l'Église que vous cherchiez à en posséder abondamment. C'est pourquoi, que celui qui parle en langue prie pour avoir le don d'interpréter.*

Car si je prie en langue, mon esprit est en prière, mais mon intelligence demeure stérile. Que faire donc ? Je prierai par l'esprit, mais je prierai aussi avec l'intelligence ; je chanterai par l'esprit, mais je chanterai aussi avec l'intelligence. Autrement, si tu rends grâces par l'esprit, comment celui qui est dans les rangs de l'homme du peuple répondra-t-il Amen ! à ton action de grâces, puisqu'il ne sait pas ce que tu dis ? Tu rends, il est vrai, d'excellentes actions de grâces, mais l'autre n'est pas édifié. Je rends grâces à Dieu de ce que je parle en langue plus que vous tous ; mais, dans l'Église, j'aime mieux dire cinq paroles avec mon intelligence, afin d'instruire aussi les autres, que dix mille paroles en langue. Frères, ne soyez pas des enfants sous le rapport du jugement ; mais pour la malice, soyez enfants, et, à l'égard du jugement, soyez des hommes faits. »

79. Dans quelles conditions ne pas parler en langue ?

1 Corinthiens 14 : 28 – 29 « *S'il n'y a point d'interprète, qu'on se taise dans l'Église, et qu'on parle à soi-même et à Dieu. Pour ce qui est des prophètes, que deux ou trois parlent, et que les autres jugent ; et si un autre qui est assis a une révélation, que le premier se taise.* »

80. Comment devrait-on exercer le don de prophétie dans l'Eglise selon la Bible ? 1 Corinthiens 14 : 31 – 32

« *Car vous pouvez tous prophétiser successivement, afin que tous soient instruits et que tous soient exhortés. Les esprits des prophètes sont soumis aux prophètes* »

81. S'écarter des saintes consignes du culte, conduirait à quels risques selon Dieu ? 1 Corinthiens 14 : 33 – 34

« Car Dieu n'est pas un Dieu de désordre, mais de paix. Comme dans toutes les Églises des saints, que les femmes se taisent dans les assemblées, car il ne leur est pas permis d'y parler ; mais qu'elles soient soumises, selon que le dit aussi la loi. »

82. Les femmes, sœurs chrétiennes ont-elles droit au chapitre dans le culte chrétien selon la Bible ? 1 Corinthiens 14 : 35 – 40

« Si elles veulent s'instruire sur quelque chose, qu'elles interrogent leurs maris à la maison ; car il est malséant à une femme de parler dans l'Église. Est-ce de chez vous que la parole de Dieu est sortie ? Ou est-ce à vous seuls qu'elle est parvenue ? Si quelqu'un croit être prophète ou inspiré, qu'il reconnaisse que ce que je vous écris est un commandement du Seigneur. Et si quelqu'un l'ignore, qu'il l'ignore. Ainsi donc, frères, aspirez au don de prophétie, et n'empêchez pas de parler en langues. Mais que tout se fasse avec bienséance et avec ordre. »

PRIERE EN FAVEUR DU SALUT DES AUTORITES POLITIQUES, JUDICIERES, ADMINISTRATIVES ET MILITAIRES DU MONDE.

Note: I Timothée 2 : 1 – 5 « *J'exhorte donc, avant toute chose, à faire des prières des supplications, des requêtes, des actions de grâce, pour tous les hommes, pour les rois, et pour tous ceux qui ont élevés en dignité, afin que nous menions une vie paisible et tranquille, en toute piété et honnêteté. Car cela est bon et agréable devant Dieu notre sauveur, qui veut que tous les Hommes soient sauvés et parviennent à la connaissance de la vérité.* »

83. Qu'est ce qui suscita la prière de Daniel en faveur de son peuple y compris de ses dirigeants ? Daniel 9 : 1 - 2

« *La première année de Darius, fils d'Assuérus, de la race des Mèdes, lequel était devenu roi du royaume des Chaldéens, la première année de son règne, moi, Daniel, je vis par les livres qu'il devait s'écouler soixante-dix ans pour les ruines de Jérusalem, d'après le nombre des années dont l'Éternel avait parlé à Jérémie, le prophète. Je tournai ma face vers le Seigneur Dieu, afin de recourir à la prière et aux supplications, en jeûnant et en prenant le sac et la cendre. Je priai l'Éternel, mon Dieu* »

84. Quel était donc le contenu de la prière de Daniel en faveur du peuple et de ses dirigeants ? Daniel 9 : 3 – 19

« *… et je lui fis cette confession : Seigneur, Dieu grand et redoutable, toi qui gardes ton alliance et qui fais miséricorde à ceux qui t'aiment et qui* *observent tes commandements ! Nous avons péché, nous avons commis l'iniquité, nous avons été méchants et rebelles, nous nous sommes détournés de tes commandements et de tes ordonnances. Nous n'avons pas écouté tes serviteurs, les prophètes, qui ont parlé en ton nom à nos rois, à nos chefs, à nos pères, et à tout le peuple du pays. A toi, Seigneur, est la justice, et à nous la confusion de face, en ce jour, aux hommes de Juda, aux habitants de Jérusalem, et à tout Israël, à ceux qui sont près et à ceux qui sont loin, dans tous les pays où tu les as chassés à cause des infidélités dont ils se sont rendus coupables envers toi. Seigneur, à nous la confusion de face, à nos rois, à nos chefs, et à nos pères, parce que nous avons péché contre toi. Auprès du Seigneur, notre Dieu, la miséricorde et le pardon, car nous avons été rebelles envers lui. Nous n'avons pas écouté la voix de l'Éternel, notre Dieu, pour suivre ses lois qu'il avait mises devant nous par ses serviteurs, les prophètes. Tout Israël a transgressé ta loi, et s'est détourné pour ne pas écouter ta voix. Alors se sont répandues sur nous les malédictions et les imprécations qui sont écrites dans la loi de Moïse, serviteur de Dieu, parce que nous avons péché contre Dieu. Il a accompli les paroles qu'il avait prononcées contre nous et contre nos chefs qui nous ont gouvernés, il a fait venir sur nous une grande calamité, et il n'en est jamais arrivé sous le ciel entier une semblable à celle qui est arrivée à Jérusalem. Comme cela est écrit dans la loi de Moïse, toute cette calamité est venue sur nous ; et nous n'avons pas imploré l'Éternel, notre Dieu, nous ne nous sommes pas détournés de nos iniquités, nous n'avons pas été attentifs à ta vérité. L'Éternel a veillé sur cette calamité, et l'a fait venir sur nous ; car l'Éternel, notre Dieu, est juste dans toutes les choses qu'il a faites, mais nous n'avons pas écouté sa voix. Et maintenant, Seigneur, notre Dieu, toi qui as fait sortir ton peuple du pays d'Égypte par ta main puissante, et qui t'es fait un nom comme il l'est aujourd'hui, nous avons péché, nous avons commis l'iniquité. Seigneur, selon ta grande miséricorde, que ta colère et ta fureur se détournent de ta ville de Jérusalem, de ta montagne sainte ; car, à cause de nos péchés et des iniquités de nos pères, Jérusalem et ton peuple sont en opprobre à tous ceux qui nous entourent. Maintenant donc, ô notre Dieu, écoute la prière et les supplications de ton serviteur, et, pour l'amour du Seigneur, fais briller ta face sur ton sanctuaire dévasté ! Mon Dieu, prête l'oreille et écoute ! Ouvre les yeux et regarde nos ruines, regarde la ville sur laquelle ton nom est invoqué ! Car ce n'est pas à cause de notre justice que nous te présentons nos supplications, c'est à cause de tes grandes compassions. Seigneur, écoute ! Seigneur, pardonne ! Seigneur, sois attentif ! agis et ne tarde pas, par amour pour toi, ô mon Dieu ! Car ton nom est invoqué sur ta ville et sur ton peuple.* »

85. Comment est la réaction de Dieu suite à la prière de son serviteur Daniel en faveur d'Israël ? Daniel 9 : 20 – 23

« *Je parlais encore, je priais, je confessais mon péché et le péché de mon peuple d'Israël, et je présentais mes supplications à l'Éternel, mon Dieu, en faveur de la sainte montagne de mon Dieu ; je parlais encore dans ma prière, quand l'homme, Gabriel, que j'avais vu précédemment dans une vision, s'approcha de moi d'un vol rapide, au moment de l'offrande du soir. Il m'instruisit, et s'entretint avec moi. Il me dit : Daniel, je suis venu maintenant pour ouvrir ton intelligence. Lorsque tu as commencé à prier, la parole est sortie, et je viens pour te l'annoncer ; car tu es un bien-aimé. Sois attentif à la parole, et comprends la vision !* »

CONCLUSION

Des communautés ecclésiales qui se réclament appartenir aux Nations ou aux Etats en raison de leurs origines de légalisation ou de création, ne peuvent pas tout simplement être l'Eglise du Christ. Quand nous le vérifions, aucun prophète, ni serviteur de Dieu, de l'Ancien au Nouveau Testament n'a été en grâce devant les autorités civiles ou militaires d'un pays ! « *Jean le Baptiste a été décapité par un roi.* » « *De même que Jésus, crucifié sous un roi.* » « *Daniel jeté dans la fosse aux lions, par les conseillers du roi.* » « *Jérémie persécuté et maltraité par des rois Judéens eux-mêmes.* » Dans la mesure où la Bible ne stipule pas d'obtenir une ordonnance de loi qui serait un permis de nous réunir, alors nous non plus nous ne nous soumettrons pas à une quelconque condition d'exercice de notre foi venant des autorités ! Ceci vaudra dans n'importe quel pays ! Voilà pourquoi, nous sommes aussi formels que La Bible. Car aucune autorisation légale, ou agrément de pratique de la foi, ne doit être signé au préalable aux chrétiens. Si autrefois ce ne fut pas le cas, pour se réunir dans un lieu de culte, faisons montre de courage et non d'obséquiosité.

Cependant, nous ne nous reconnaissons d'aucun acte d'incivisme ! Non plus comme promoteur d'une quelconque désobéissance civile! Surtout pas à l'exemple de ces courants altermondialistes en vogue dans les pays européens. Les libertés civiles ou religieuses formulées dans la plupart des constitutions sont en bonne et due forme avec la garantie des intérêts des César, notamment des lois sur les impôts et différentes taxes financières et monétaires que « *Jésus Lui-même paya et ordonna à Pierre d'en faire autant* » ! Rappelez-vous de la famille de Nazareth qui est allée se faire recenser ! Concomitamment à ces aspects sus évoqué, notre pratique de culte s'insurge contre toute forme de crime et d'injustice, et condamne leurs auteurs. Toutefois l'exercice de notre foi, ne sera jamais assujetti à une quelconque autorité civile, militaire ou politique préalable. De même que nos assemblées ne peuvent d'aucune façon servir les intérêts d'une tierce famille politique. D'autant plus que l'action politique n'ayant pas été formellement interdite, ne nous est pas non plus utilement recommandée pour l'œuvre du salut, et pour la marche chrétienne. De ce fait, nous rappelons qu'il n'y a en nous, aucune tendance politique de quelque famille que ce soit. A Yahwéh Dieu revient le mérite de dispenser tous ces enseignements, et dont les prédicateurs soient reconnus comme authentiquement vrais par Lui seul. Car étant d'essence divine et donc d'autorité chrismale, c'est-à-dire de Christ, cet évangile que nous prêchons ne peut être attesté que par Dieu ! C'est pourquoi justement, Le seul document en notre possession disponible et pouvant justifier la pratique de notre foi, reste et demeurera uniquement la Bible. Et la Bible dans toute son entièreté !

En revanche, tout chrétien sera soumis aux lois du pays de sa résidence, sans aucune objection du respect des pouvoirs publics, des normes civiles, de la stricte obéissance règlementaire, de l'observance des codes et pratique du droit. Toute chose qui n'est pas en conflit avec la foi chrétienne. Cependant, nous ne pouvons tolérer des pratiques extrabibliques, notamment celles sexuelles. Le mariage par exemple se consommera exclusivement entre deux personnes adultes et de sexes opposés, vivant dans une relation maritale, bénéficiant moralement du concours des parents du couple, surtout celui de la famille de l'épouse. Les conjoints devront avoir atteint la majorité absolue conformément aux dispositions en vigueur dans leurs pays d'origine. Toute autre forme qui s'écarte de ceux en énoncé susmentionnée sera prohibée et fera l'objet d'une condamnation ferme par les prédicateurs chrétiens, même en lieux publics. 2 Timothée 4 : 2 « *Prêche la parole, insiste en toute occasion, favorable ou non, reprends, censure, exhorte, avec toute douceur et en instruisant. Car il viendra un temps où les hommes ne supporteront pas la saine doctrine ; mais, ayant la démangeaison d'entendre des choses agréables, ils se donneront une foule de docteurs selon leurs propres désires, détourneront l'oreille de la vérité, et se tourneront vers les fables. Mais toi, sois sobre en toutes choses, supporte les souffrances, fais l'œuvre d'un évangéliste, remplis bien ton ministère.* »

Conscient des difficultés sur le terrain, nous préconiserons encore à tous les prédicateurs chrétiens, ce second conseil de Paul à son ami et frère d'arme Timothée dans 2 Timothée 2 : 24 « *Or, il ne faut pas qu'un serviteur du Seigneur ait des querelles ; il doit, au contraire, avoir de la condescendance pour tous, être propre à enseigner, doué de patience ; il doit redresser avec douceur les adversaires, dans l'espérance que Dieu leur donnera la repentance pour arriver à la connaissance de la vérité, et que, revenus à leur bon sens, ils se dégageront des pièges du diable, qui s'est emparé d'eux pour les soumettre à sa volonté.* »

Puisque la Bible déclare que « *toute autorité vient de Dieu* », nous allons conclure nos propos sur « *l'obéissance à Dieu plutôt qu'aux Hommes* » en ce qui concerne l'Eglise du Christ, par une prière en faveur des autorités séculières du monde entier !

SOMMAIRE

11. Quels avertissements Dieu donne-t-il à ceux qui suivent Jézabel ?

12. Qui est le reste qui s'opposera à cette corruption ? *Apocalypse 2 : 24*

5ème Eglise - SARDES - LE TEMPS DE LA REFORME *Apocalypse 3 : 1 - 6*

13. Par quels mots saisissants Sardes est-elle décrite ? *Apocalypse 3 : 1*

14. Quelle tragédie était sur le point de frapper Sardes ? *Apocalypse 2 : 3*

LA REFORME- LE DEBUT DU PROTESTANTISME

Martin Luther : CE QU'ON IGNORE DE L'HOMME !

LES ECRITS DE MARTIN LUTHER

Contre la classe ouvrière et paysanne

15. N'est-il pas permis d'examiner les origines du combat d'Hitler à partir des écrits de Luther ?

Contre les juifs et le culte hébraïque

DERNIERES PAROLES DE LUTHER AVANT SA MORT

6ème Eglise - PHILADELPHIE - LE TEMPS DU REVEIL *Apocalypse 3 : 7 - 13*

16. Que signifie le nom Philadelphie ? *Apocalypse 3 : 7*

17. Sur quelle durée s'étend le temps de Philadelphie ?

18. Jésus adressa-t-il de reproches à cette Eglise ?

COMMUNAUTES IMPLIQUEES PAR L'ETUDE DES 2300 SOIRS ET MATINS : LES ADVENTISTES DU SEPTIEME JOUR ET LES TEMOINS DE JEHOVAH (Confert étude biblique N° 2)

19. Comment ces deux communautés prirent-elles le signe du '' 666 '' l'une et l'autre séparément ?

7ème Eglise - LAODICEE - LE CHRISTIANISME CONTEMPORAIN *Apocalypse 3 : 14 -*

20. Quel est le problème de Laodicée ? *Apocalypse 3 : 16*

21. Quels sont les trois médicaments que Jésus recommande d'acheter ? *Apocalypse 3 : 18*

22. Quand est-ce que Jésus-Christ avait avertit-il de la victoire de son Eglise sur le mal ? *Mathieu 16 : 18*

23. Jésus-Christ viendra-t-il chercher Laodicée ? *Apocalypse 3 : 15 -16*

24. Laodicée est-elle la dernière Eglise ? *Apocalypse 14 : 1*

25. Quand commença le ministère auprès des 144 000 ? *Apocalypse 7 : 3 - 4*

26. Quels versets démontrent-ils cette vérité en faveur des 144 000 comme seule Eglise au retour du Christ ? *Zacharie 12 : 10 – 12*

27. Combien de personnes furent-elles sauvées lors du déluge de Noé ? *1 Pierre 3 : 20*

28. Et du temps de Lot ? *Luc 17 : 28- 30, 32*

29. Qu'a déclaré Jésus sur le nombre de personnes qui serait sauvées au jour de son retour ? *Luc 17 : 26 – 30*

30. Quand est-ce que l'évangile fut-il annoncé aux nations ? *Actes 22 : 20 - 21*

31. Mais le temps des nations était-il indéfinis ? *Luc 21 : 23 - 24*

32. Comment puis- je recevoir ces dons précieux ? *Apocalypse 3 :20*

33. Voulez acceptez ces dons ?

Réponse

34. Et vous ?

Réponse :

35. Que représentent les dix cornes ? *Apocalypse 17 : 12 – 14*

36. Combien de temps leur est-il accordé dans la Bible ? *Apocalypse 17 : 12*

37. Qu'est ce qui a été le signe de l'alerte de la fin du monde selon Jésus ? *Mathieu 24 : 15*

38. L'Eglise peut-elle donc appartenir à un pays ? *Jean 18 : 36*

USURPATION DU STATUT DE '' PASTEUR '' QUE LES ''ANCIENS'' DE L'EGLISE SE DONNENT IMPUDIQUEMENT

39. Comment l'Apôtre Pierre appelait-il les dirigeants de l'Eglise chrétienne aux temps bibliques ? *1 Pierre 5 : 2 – 4*

40. Par quel synonyme l'Apôtre Paul appelait-il les Anciens de l'Eglise ? *Actes 20 : 28 - 35*

41. Dans quel autre passage, le terme « évêque » est-il encore employé dans la Bible, pour désigner les Anciens de l'Eglise ? *Tite 1 : 5 - 7*

42. En plus de ce qui est dit précédemment, la Bible impose-telle des qualités et valeurs supplémentaires aux évêques et aux membres de leur famille, pour exercer dans l'Eglise ? *Tite 1 : 8 - 9*

43. Quelle est la première mission des Anciens ou évêques dans l'Eglise ? *Tite 1 : 10 – 11, 13 - 14*

44. Parlant de l'avarice qui animait des Anciens, comment la Bible dénonce-t-elle leur cupidité ? *Tite 1 : 12*

45. Comment Paul prononce-t-il la prophétie sur le caractère cupide des prétendus pasteurs ? *Actes 20 : 28 - 35*

46. Les dirigeants encore appelés Anciens doivent-ils travailler de manière volatile ? *Actes 20 : 28 – 35*

47. Comment les anciens d'Eglise doivent-ils se mettre à l'abri du besoin ? *Actes 20 : 28 - 35*

48. Quelle mission l'Apôtre Pierre reçu-t-il directement de Jésus ? *Mathieu 16 : 18 – 19*

49. Pierre se considérait-il être la pierre principale de l'Eglise ? *Ephésiens 2 :19 - 22*

50. Christ avait-il recommandé de construire des bâtiments appelés "Eglises" durant l'ère apostolique ? *1 Corinthiens 16 : 19*

51. Quelle préfiguration cette répartition groupusculaire par Jésus lors du partage du pain et des poissons annonçait-elle ? *Marc 6 : 35 – 44*

52. Qu'est ce qui fait de Pierre devenir le leader des autres Anciens, ses frères ? *Jean 21 : 15 - 17*

53. Mais Pierre se considérait-il au-dessus des autres Anciens de l'Eglise ? *1 Pierre 5 : 2 – 4*

54. De quel nom l'Apôtre Pierre se faisait-il appelé ? *1 Pierre 5 : 2 – 4*

55. Etait-ce une tâche bénévole, que de servir l'Eglise au temps Bibliques des Apôtres ? *1 Pierre 5 : 2 – 4*

56. Quelle était la motivation des Anciens du temps des Apôtres ? *1 Pierre 5 : 2 – 4*

57. Qui est considéré comme "Souverain Berger" de l'Eglise ? *1 Pierre 5 : 2 – 4*

58. Quel est le synonyme de souverain Berger ?

59. Ainsi donc, peut-on appeler un responsable « Archevêque », dans l'Eglise ?

60. La Bible mentionne-t-elle le sacre de femmes au titre d'Anciennes ou impudiquement de "Pasteur" dans l'Eglise ?

61. La Bible permet-elle aux femmes de s'exprimer dans l'Eglise du Christ ? *1 Corinthiens 14 : 32 – 37*

62. Cette disposition du Christ par l'apôtre, comment est-elle considérée dans la Bible ? *1 Corinthiens 14 : 32 – 37*

63. Pour quoi en est-il ainsi ? *1 Corinthiens 14 : 32*

64. Pour quoi la Bible parle-t-elle du don de Pasteur alors qu'il n'en existe aucune personne qui s'en fut nommée ainsi individuellement ? *Matthieu 23 : 1 – 11*

65. Qu'est-ce qu'avoir le don de Pasteur au sens Biblique du terme ? *Actes 20 : 28 - 35*

66. A quelle personne était employé le terme Pasteur dans toutes les lettres des Apôtres ? *Actes 20 : 28 - 35*

67. Les Hommes peuvent-ils être appelés individuellement du titre de Pasteur au même titre que Jésus ? *Matthieu 23 : 1 – 11*

68. A qui fait donc allusion le terme Pasteur dans la Bible ?

69. Combien de dons de ministère de la parole, Dieu donna-t-il à son Eglise ?

1 Corinthiens 12 : 27 – 31

70. Des dons cités ci-dessus, l'Apôtre mentionne-t-il en se questionnant le don de prophétie ? *1 Corinthiens 12 : 27 – 31*

71. Et pourquoi ne le fait-il pas ?

Sacrificateurs

Prophètes,

Rois

72. Combien de dons de la parole, Dieu fit-il à son Eglise ? *Ephésiens 4 : 10 – 15*

L'ORDONNANCE BIBLIQUE ORGANISANT LE CULTE CHRETIEN, OPPOSEE A L'ACTUEL CLERICALISME MONDAIN DANS LES EGLISES BABYLONIENNES.

73. « Que faire donc, frères ? *1 Corinthiens 14 : 26*

74. Quelle est la consigne de l'Apôtre Paul pour l'exercice du don de langue dans l'Eglise ? *1 Corinthiens 14 : 27*

75. Selon la Bible le don de langue et la prophétie, concernent respectivement quelle catégorie de personnes ? *1 Corinthiens 14 : 27*

76. Fausses conceptions de l'exercice du don de langue dans les Eglise contemporaines : *1 Corinthiens 14 : 2*

77. Dans quelles conditions ne pas parler en langue ? *1 Corinthiens 14 : 28 – 29*

78. Comment devrait-on exercer le don de prophétie dans l'Eglise selon la Bible ? *1 Corinthiens 14 : 31 – 32*

79. S'écarter des saintes consignes du culte, conduirait à quels risques selon Dieu ? *1 Corinthiens 14 : 33 – 34*

80. Les femmes, sœurs chrétiennes ont-elles droit au chapitre dans le culte chrétien selon la Bible ? *1 Corinthiens 14 : 35 – 40*

PRIERE EN FAVEUR DU SALUT DES AUTORITES POLITIQUES, JUDICIERES, ADMINISTRATIVES ET MILITAIRES DU MONDE.

81. Qu'est ce qui suscita la prière de Daniel en faveur de son peuple y compris de ses dirigeants ? *Daniel 9 : 1 - 2*

82. Quel était donc le contenu de la prière de Daniel en faveur du peuple et de ses dirigeants ? *Daniel 9 : 3 – 19*

83. Comment est la réaction de Dieu suite à la prière de son serviteur Daniel en faveur d'Israël ? *Daniel 9 : 20 – 23*

CONCLUSION

SOMMAIRE

DANS LA MEME SERIE D'ETUDE BIBLIQUE

DANS LA MEME COLLECTION D'ETUDE BIBLIQUE :

1. LE BAPTEME DE JESUS-CHRIST, L'ONCTION DU SAINT DES SAINTS.
2. LA PURIFICATION DU SANCTUAIRE, SATAN EST CHASSE HORS DU CIEL.
3. LA FIN DU MONDE DANS LA BIBLE ET LE SIGNE DE LA BETE, LE « 666 ».
4. LE GRAND SIGNE DE LA BETE, LE (666) REVELE.
5. COMMENT LES HOMMES ONT-ILS DEJA PRIS LE (666) LE SIGNE DE LA BETE SUR LE FRONT ?
6. COMMENT LES HOMMES ONT-ILS DEJA PRIS LE (666) LE SIGNE DE LA BETE SUR LA MAIN ?
7. LES DIX COMMANDEMENTS DE DIEU ET LE SALUT EN JESUS-CHRIST.
8. LA DIME, LE PECHE DE JUDAS DANS L'EGLISE CONTEMPORAINE APOSTASIEE.
9. QUELS SONT LES AUTRES SIGNES DE LA BETE ?
10. LE FONCTIONNEMENT DE L'EGLISE APOSTAT.
11. LE PARADIS ET L'ESPERANCE CHRETIENNE.
12. L'EGLISE, LES CHRETIENS.
13. QUI EST LE VRAI DIEU ?
14. IL YA UN SEUL DIEU !

15. IL YA UN SEUL SEIGNEUR !

16. IL YA UN SEUL ESPRIT !

17. IL YA UNE SEULE FOI !

18. IL YA UNE SEULE ESPERANCE !

19. IL YA UN SEUL CORPS !

20. IL YA UN SEUL BAPTEME !

21. LE SCEAU DE DIEU DANS L'APOCALYPSE.

22. LE SCEAU DU DIABLE DANS L'APOCALYPSE.

23. LE JOUR OU LE VATICAN, LA GRANDE PROSTITUEE, LA MERE DES IMPUDIQUES SERA DETRUITE.

24. VOICI LE GRAND SIGNE DE LA FIN DES TEMPS, ET DU RETOUR DE JESUS-CHRIST.

25. LE MOUVEMENT ISLAMIQUE DECRIT DANS LE LIVRE DE L'APOCALYPSE.

26. LA DERNIERE EGLISE, LES 144 000, LE RETOUR DU SEIGNEUR JESUS-CHRIST, ET L'ETERNITE.

27. VINGT ET SEPTIEME ECRITURE : LE TEMOIGNAGE ! VIE ET TEMOIGNAGES CHRETIEN !

Printed by Books on Demand GmbH, Norderstedt / Germany